前途：再論兩岸經濟關係

劉震濤、江成岩、王建芬 著

崧燁文化

目 錄

引言

第一章 涉台機構應運而生，涉台法律、法規相繼頒布
 一、成立「國台辦」及各地方台辦，
   台灣工作（事務）有部門專管
 二、成立台資企業協會——使台商立身有「家」
 三、涉台法律、法規相繼頒布——台商權益保護有法可依
 四、成立台商投訴協調機構——使台商投訴有門
 五、關於兩岸司法協助

第二章 台資「比照外資」——智慧的創舉
 一、解決台資、台商定位的法律背景
 二、「參照外資」——對台貿易慣例的合理延伸
 三、「參照外資」——應對計劃經濟模式下的務實政策
 四、台資「比照外資」的內容分析

第三章 兩岸接觸商談機制的形成和發展
 一、兩岸接觸商談機制的不斷創新，關於「海峽兩岸經貿協調會」
 二、「金門協議」——兩岸「紅十字會」進行的商談
 三、建立「兩會」制度性協商機制
 四、「兩會」商談的延續和發展——從「辜汪會談」到「江陳會談」

第四章 兩岸特色經濟合作機制的建立
一、建立兩岸特色經濟合作機制
二、兩岸特色經濟合作機制的主要內容和特點
三、以建構兩岸「命運共同體」為戰略定位，全面深化合作關係
四、簽署 ECFA 是台灣經濟利益「最大化」的根本出路

第五章 兩岸經濟關係發展中的力量分析
一、動力
二、阻力
三、吸力
四、引力
五、助力
六、推力

第六章 兩岸經濟關係中的「依存」和「相互依存」
一、兩岸經濟關係由「單向依存」到「相互依存」
二、兩岸經濟相互依存關係的發展
三、兩岸「相互依存」的經濟關係逐步由低水平向高水平發展

第七章 台資企業的轉型升級
一、台資企業轉型升級的理論分析
二、台資企業轉型升級需要認真考慮的幾個重要因素
三、台資企業轉型升級的模式及政府作為分析
四、立足轉型，提升自身競爭力

第八章 兩岸農業合作
　　一、兩岸農業投資與農產品貿易
　　二、兩岸農業交流與合作平台的建設
　　三、兩岸農業交流與合作的特點和發展趨勢
　　四、如何改進、提高兩岸農業的合作水平

第九章 制度創新是台資企業生存和發展的關鍵因素——崑山調查
　　一、崑山創新之動力——產業的不斷調整和發展
　　二、崑山創新之靈魂——服務理念的不斷提升和勇於實踐
　　三、崑山創新之基礎——政府和台商的互動機制
　　四、崑山創新之精神——多元文化的融合
　　五、跨界治理：崑山台協會參與政府制度創新實例
　　六、小結

附錄：台灣同胞投資企業協會管理暫行辦法

前途：再論兩岸經濟關係

引言

　　二十世紀末直至二十一世紀以來,「兩岸經濟關係」這個議題備受兩岸企業家、學者乃至於世界上有關人士的高度關注,這究竟是為什麼?究竟什麼是兩岸經濟關係?兩岸經濟關係究竟是依靠什麼力量發展起來的?它的意義究竟有多大?這一系列的「究竟」應該如何回答?

　　本書即從兩岸經濟關係的歷史和現狀出發,分析三十年來兩岸經濟交流合作背後的制度設計和安排,闡述發展兩岸經濟關係的決定性因素是一系列的制度安排的結果,表明制度創新是一種動力機制,制度創新是推動、促進兩岸經濟關係不斷發展的關鍵,也試圖回答上述提出的一系列「究竟」到底是什麼。

　　這是一個創新的時代。社會進步在於創新,世間一切生命體的煥發都在於創新。事實證明,處在特殊政治環境下的兩岸經濟關係的發展根源也在於創新,而創新的動力源自於兩岸人民追求和平與美好生活的強烈願望,以及對整個中華民族的自強心和偉大復興的責任感。正是這種崇高的理念,使兩岸人民迸發出熱情和智慧的力量,台灣廣大工商企業界人士煥發出勇氣和拚搏精神,從而鑄造了從無到有、從不正常到基本正常、從正常化到機制化和制度化一個又一個里程碑,共同開創了嶄新的兩岸經濟關係新局面,創造了現代中國歷史的又一個奇蹟。

關於本書的書名有人建議用「趨勢」，因為兩岸經濟關係發展之所以不可阻擋是因為「大勢所趨」，此意正符合「順者興，逆者亡」的道理，應該說是個很好的建議，但考慮此名卻又不能完全突顯本書的主題，因為本書內容連接了兩岸經濟關係的過去、現在和未來。也曾想過定名為「命運的抉擇」，主要是想說明選擇發展兩岸經濟關係為改善和發展兩岸關係的突破口，成為了實現國家最終統一的唯一正確的抉擇。兩岸關係之所以能夠在極其複雜的國際環境和起伏跌宕的兩岸關係背景下，進入了和平發展新時期的重大積極轉變，是因為兩岸經濟關係在其中造成了重要的先行作用和發揮了基礎性的影響力，但感覺「命運的抉擇」這一書名未免又有點「聳人聽聞」，故而放棄。

　　回憶兩岸自1949年開始分離，至今已達六十餘年。為了中華民族的興旺發達，大陸於1979年作出了「和平統一」的歷史性戰略抉擇，這是一個關乎民族前途和命運的關鍵性抉擇。為了爭取實現和平統一的光明前景，大陸決定從兩岸「三通」開始，首先以經濟交流和合作為起點。在這個具有重大戰略意義決定的導引之下，三十年來，兩岸經濟關係的發展讓兩岸人民不僅認識到「台獨」沒有出路，更重要的是看到了兩岸和平、繁榮的希望和前景，以及中華民族美好的前途，這恰恰是對三十年前作出戰略決定給予的最好回應。兩岸經濟關係開闢了兩岸和平發展的道路並對兩岸關係的前景、對中華民族偉大復興的前途產生了深遠的影響。正是基於這樣的分析，我們決定將本書題名定為「前途：再論兩岸經濟關係」，由此突出本書的主題是兩岸經濟關係決定了兩岸關係的前途，兩岸關係的前途又和中華民族的前途緊緊聯繫在一起，兩岸人民必須為這個光輝的前途繼續不懈地奮鬥，它的重大意義就在於此。本書重點分析兩岸經濟關係中的「制度創新」，指出它是決定兩岸經濟關係發展前途的關鍵因素，沿著這條線索也可以概括性地回答本文一開始提出的幾個「究竟」究竟是怎麼回

事了。我們試圖盡最大努力把書寫好，為推動兩岸經濟關係朝著更深入和更高目標發展盡一點綿薄之力。

本書寫作過程中，在清華大學台灣研究所胡豔君博士後的協助下，較快完成了「兩岸農業合作」這一章。王花蕾博士後則在對本書作初步校核時提出了許多寶貴意見。研究助理張娟同志曾參與本書策劃，撰寫了「崑山台協會參與政府制度創新（案例）」一節，並為協助出版盡了許多心力。謝天成博士後為第五章增了一幅圖表。在寫作本書第九章時得到了崑山市政府規劃局許振明局長的寶貴指導和幫助。另外，作者曾與所內巫永平教授、李應博副教授、鄭振清老師有過共同研究的成果，在本書中的不同章節中被引用。在此不一一列舉，一併向以上各位表示誠摯的謝意。

兩岸經濟關係具有很大的特殊性，它既是一個經濟關係，又帶有政治關係的濃厚色彩，它既非國際間的經濟合作關係，也不同於單純的國內地區之間的經濟合作關係，是尚未統一的主權國家內部的兩個極不對稱而又相互獨立的經濟體系之間的關係。因此，把握它，既不能完全放在國際經濟貿易體制下去分析，又不能不考慮國際經濟貿易體制下的一些基本特徵，而是要按照這些複雜內涵去揭示兩岸經濟合作關係的基本規律和創新發展，這是本書與一般按照經濟學理論闡述區域經濟合作的不同之處，雖談不上有什麼理論創新，但也些獨特之處。

在兩岸政治上仍處於分歧，而和平發展已成為兩岸關係主軸的背景下，可以肯定，兩岸經濟關係必然會持續、快速地發展下去，這是不可阻擋的歷史潮流，雖然前進道路上仍有困難，但兩岸經濟關係前途一定光輝燦爛。

劉震濤

第一章　涉台機構應運而生，涉台法律、法規相繼頒布

　　兩岸關係發展的三十年也是兩岸經濟合作制度不斷創新發展的過程。

一、成立「國台辦」及各地方台辦，台灣工作（事務）有部門專管

　　1987年11月，蔣經國先生宣布開放台灣民眾赴大陸探親，一時間，回鄉探親的台灣民眾潮水般地湧向大陸，兩岸親人隔海相望幾十載的歷史宣告終結。據台灣有關部門統計，僅1988年1月6日這一天，就有四千多位台灣同胞辦理了赴大陸探親的手續。從1987年至1997年，台灣民眾來大陸探親、旅遊、經商、求學等累計超過4580萬人次。返鄉探親的台灣同胞，帶著惶恐不安的心情回到了大陸。環境的陌生，思想觀念的差異，以及歷史與現實的變遷等等，都會給眾多台胞帶來煩惱和不便。為瞭解除回鄉探親台胞的顧慮，為他們創造一個既安全、可親又順暢、便捷的服務環境，大陸各地迅速成立了「台灣同胞接待站」。在各級政府的領導下，「台灣同胞接待站」為台灣同

胞提供查詢親友、引導交通、聯繫觀光旅遊等一系列衣食住行類的接待服務工作。與此同時，在大量接待工作中，又衍生了許多的事務性工作，如財產、親族關係的處理，以及協助其在大陸的投資考察及創業活動等。隨著接待工作的發展，接待對象及方式和內容變得愈加多樣，政策性也越來越強，涉及各個業務部門的事情也越來越多。顯然，一個台胞接待站已無法應對這種複雜局面。在這種情況下，根據兩岸同胞相互交流交往的實際需要，1988年中，國務院台灣事務辦公室（以下簡稱「國台辦」）正式掛牌成立。緊接著，各省（直轄市、自治區）地方各級台灣事務辦公室也相繼成立（以下簡稱「地方台辦」）。至此，大陸各級台辦在同級黨委、政府領導下，按照「組織、指導、管理、協調」的八字方針主管台灣工作和涉台事務。第一任國台辦主任由時任中央政治局候補委員、國家計劃委員會第一副主任丁關根先生擔任。

　　國台辦的主要職責是：

研究、擬訂對台工作方針政策；貫徹執行黨中央、國務院確定的對台工作的方針政策。

組織、指導、管理、協調國務院各部門和各省、自治區、直轄市的對台工作；檢查瞭解各地區、各部門貫徹執行黨中央、國務院對台方針政策情況。

研究台灣形勢和兩岸關係發展動向；協調有關部門研究、草擬涉台的法律、法規，統籌協調涉台法律事務。

按照國務院的部署和授權，負責同台灣及其授權的社會團體談判及簽署協議文件的有關準備工作。

管理協調兩岸通郵、通航、通商事務；負責對台宣傳、教育工作和有關台灣工作的新聞發布；處理涉台的重大事件。

會同有關部門統籌協調和指導對台經貿工作和兩岸金融、文化、學術、體育、科技、衛生等各個領域的交流與合作，以及兩岸人員往來、考察、研討等工作，國際會議的涉台工作。

完成國務院交辦的其它任務。[1]

　　國台辦的成立，是兩岸關係發展中具有里程碑意義的大事。從此對台工作揭開了神祕的面紗，將一度鮮為人知的涉台事務處理由祕密轉向公開，一系列涉台政策逐漸清晰而為大眾所知，原來由個別部門介入的特殊工作轉入眾多機關部門共同參與的公共事務，從此結束了台灣事務工作一事一議、一件一辦的工作狀態，開創了一個規範而又系統的工作機制和運作環境，對台工作自此進入了一個全新的歷史階段。1990年底，中共中央台灣工作辦公室（簡稱「中台辦」）和國務院台灣事務辦公室正式合併，組成「一套人馬、兩塊牌子」歸屬中共中央編制系列的機構，由王兆國先生擔任合併後的第一任主任。

二、成立台資企業協會──使台商立身有「家」

　　國務院於1988年6月25日公布的《關於鼓勵台灣同胞投資規定》（簡稱「22條」）第十八條規定：「在台灣同胞投資企業集中的地區，台灣投資者可以向當地人民政府申請成立『台商協會』。」1990─1991年間，北京、深圳等地台商自願組織起來，首先向當地台辦提出了成立「台商協會」的申請。此事立即引起了中央各部門和有關地方的重視。國台辦在認真聽取各方面意見後認為：一方面，台商要求成立協會是根據大陸國務院公布的「22條」中的第十八條規定，應該是有法源基礎，應予以支持。但另一方面又覺得「22條」其中第十八

條「規定」講得十分原則，對諸如「協會」的性質和功能究竟是什麼？「協會」的章程應包括哪些內容？會員的權利和義務是什麼？協會領導人應具備什麼條件？協會由政府的哪個部門審核批准？尤其是當時由台灣直接進入大陸的台商並不多，大部分台商是從第三地間接進入大陸的，因而，台商的身分事實上都是由台商自己認定的，因此就連「協會」的主體台商身分如何界定也拿不準，這就給台商協會成立之初在操作層面上確實帶來了很大的困難。台辦對如何處理上述諸多問題沒有經驗，而這涉及一群台商在大陸成立一個永久性組織、公開從事有組織的活動，而這些活動跟台商和台灣企業的特點密切相關，所以台辦非常慎重。

面對這一系列問題，台辦首先認真瞭解了台商的想法，就他們在台灣的習慣做法和大陸的有關規定作了坦誠的溝通。大陸國務院領導親自主持會議，和有關部門一起研商，最終確定了成立「協會」的幾條指導性原則：

關於對台商的界定問題，考慮到由於兩岸沒有實現「三通」，台灣又極力限制台商來大陸投資，致使台商只得繞道第三地間接來大陸投資，這是不得已而為之的一種必然選擇。因此確定，無論從哪裡來的台灣人民，只要是在大陸投資的，都可以被認為是台商，都可以參加台商協會；

確定「台商協會」的業務主管部門為當地台辦；

台商協會屬社會團體，應由民政部門負責審批，但在送審程序上要比照「外商協會」的辦法。即，擬成立的「台商協會」首先要向當地外經貿部門提出申請[2]，經外經貿部門對其企業資格等作初步審核後送當地台辦對有關協會領導人等作進一步審批，此項審批通過通過後再送當地民政部門按相關規定核發社團登記證照。

「台商協會」的成立必須要有一定數量的台商為基礎，所以決定「台商協會」的設立先從台資企業在一百家左右的「地級市」開始。另外，考慮到「台商協會」主要是為當地台資企業服務，屬地方性民間社團組織，沒有必要成立跨地區的協會，但直轄市和海南省因地域面積小，為工作方便而劃為例外。

　　「台商協會」的主要功能是交流、培訓、溝通和聯誼，即開展台資企業之間在經營管理方面的交流和組織其他經貿交流活動；協助台資企業開展培訓工作，以及和當地政府溝通；可以邀請有關領導、專家擔任顧問，增加台商對政策和政府有關規定的瞭解；組織台商開展聯誼活動，豐富台商及其家屬的業餘生活，以及組織其他公益活動。這些指導原則都一一體現在擬定的「台資企業協會暫行管理辦法」中。1994年3月《台灣同胞投資保護法》第十條規定：「在台灣同胞投資企業集中地區，可以依法成立台灣同胞投資企業協會，其合法權益受法律保護。」這時，已將「台商協會」改名為「台資企業協會」[3]。隨著台商投資的快速增加（例如1993年一年，就增加了一萬多家），原「地級市」才可以成立協會的規定顯然已經不適應形勢要求，如江蘇省崑山市台資企業數量不僅在縣級市中遙遙領先，而且還超過了很多地級市，經國台辦特批，1998年崑山市成立了全大陸第一家縣級市的台資企業協會。[4]

　　一般來說各地台資企業協會的組織機構大同小異，此處僅以崑山為例，供讀者參閱。

前途：再論兩岸經濟關係

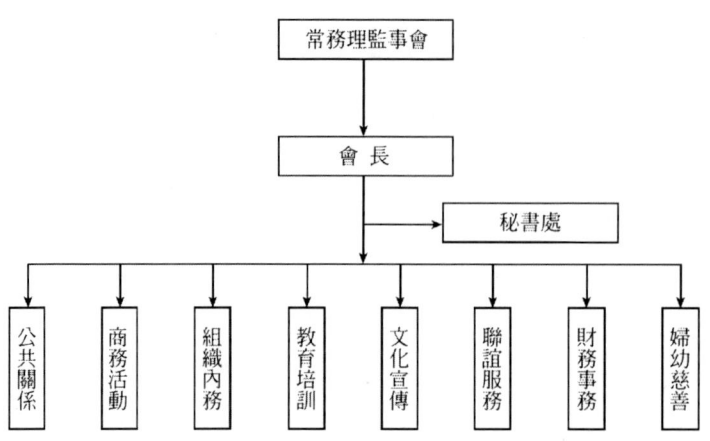

圖1崑山台資企業協會會務架構

表1崑山台資企業協會八大功能委員會

功能委員會	職 能
公共關係委員會	1.積極與政府有關方面協調，將國家有關法律、法規和政策及時傳遞至各會員。 2.及時反映會員意見和正當要求，協助政府處理有關於矛盾和糾紛，對會員遇到的困難予以幫助。 3.調解會員與會員之間相關問題及危機處理。
商務活動委員會	1.提供海峽兩岸有關商務訊息及昆山投資環境等方面的服務。 2.增進與台灣及其他地區工商社團和經濟界人士的聯繫，接待由台灣來昆的經濟界人士。 3.與其他台資企業協會友好往來聯繫。 4.組織會員參加經貿考察活動，舉辦有關洽談及經濟交流。
組織內務委員會	1.制定協會的有關規定。 2.做好會費的收繳工作。 3.積極發展會員。
教育培訓委員會	1.聯絡台灣專業人士來協會舉辦講座，專業培訓。 2.組織會員舉辦有關講座，研討會。 3.邀請政府部門進行專題報告會、講座等。
文化宣傳委員會	1.負責編印協會名冊 2.負責編印協會會訊 3.協會的發言人
聯誼服務委員會	1.舉辦分區及全會聯誼餐會。 2.消費折扣服務。 3.組織旅遊、參觀活動。 4.所有球隊屬於聯誼委員會以下，協會對各球隊獎勵每年定額，上限不超過1萬元。

涉台機構應運而生，涉台法律、法規相繼頒布

續表

功能委員會	職　能
財務事務委員會	1.協會的日常工作。 2.協調各委員會未盡事宜。 3.負責向常務理監事會及理監事會定期提出書面財務報告。 4.為各會員提供授予的各項服務。
婦幼慈善委員會	1.負責協會的慈善工作。 2.負責在昆台商太太及小孩的各類聯誼活動。 3.與外地台協婦聯會的聯誼及交流。
青年委員會	組織年輕台胞的聯誼活動

資料來源：根據崑山台協會網站資料，以及與孫德聰會長訪談資料整理而成。

2010年成立「青年委員會」，為剛畢業的大學生和跟隨父母來崑山的年輕人提供一個正常聯誼的管道。其中，婦幼慈善委員會是台商的一面旗幟，讓更多的本地百姓瞭解台商、接受台商，也帶動了當地一部分熱心人士投入到社會公益事業當中。婦幼慈善委員會的經費全部靠募捐，主要由台商眷屬組成，她們每週去孤兒院看望小孩子，去敬老院給老人剪指甲、洗頭髮等，還幫助家庭有困難的孩子上學。婦慈會在崑山當地的形象非常好，例如2010年舉辦的「2010崑山首屆台灣民俗文化嘉年華」開幕式暨媽祖安座典禮活動之後，婦慈會組織會員在遊行隊伍後面撿垃圾，造成了保護環境、熱愛家園的示範效應，大家對這一善舉評價很高。

簡而言之，台灣同胞投資企業協會（以下簡稱「台協」）是依據《中華人民共和國台灣同胞投資保護法》及其《實施細則》，以及大陸國務院頒布的《社會團體登記管理條例》等法律、法規，在台灣同胞投資企業集中的地區，以在大陸登記註冊的台資企業為主體自願組成的社會團體[5]。

下面將有關台資企業協會的法律法規整理如下：

表2有關台資企業協會的法規

法規	頒布時間	分布機關	規定
《關於鼓勵台灣同胞投資規定》（簡稱22條）	1988年	國務院	第十八條：在台灣人投資企業集中的地區，台灣投資者可以向當地人民政府申請成立台商協會。
《中華人民共和國台灣同胞投資保護法》	1994年	全國人大	第十條：在台灣人投資企業集中的地區，可以依法成立台商投資企業協會，其合法權益受法律保護。
《社會團體管理條例》	1998年	國務院	第二條：本條例所稱社會團體，是指中國公民自願組成，為實現其章程開展活動的非營利組織。
《中華人民共和國台灣同胞投資保護法實施細則》	1999年	全國人大	第二十六條：在台灣人投資企業集中的地區，可以依法成立台灣同胞投資企業協會。台商投資企業協會的合法權益以及按照章程所進行的合法活動，受法律保護。
《台灣同胞投資企業協會管理暫行辦法》	2003年	國台辦民政部	共二十一條，從性質、宗旨、業務範圍、（副）會長產生、會員管理等方面對台資企業協會做了詳細的規定。

　　透過對台資企業協會相關法律法規的梳理，可以看頒布資企業協會的發展過程是台商與大陸民眾相互融合的過程，為兩岸之間的溝通創造了一個平台，並且為台資企業協會的運作提供了法律依據，不僅促進協會的和諧發展，使得協會更有代表性，可以更多地傾聽台資企業內部廣大職工的聲音，也為我們瞭解台資企業協會參與政府制度創新提供了一個的大背景。具體表現在以下三個方面。

　　（1）1988年，大陸國務院為促進大陸和台灣的經濟技術交流，制定《關於鼓勵台灣同胞投資的規定》（簡稱「22條」），其第18條規定：「在台胞投資企業集中的地區，台灣投資者可以向當地人民政府

申請成立台商協會。」當時對這個台商組織的名稱，暫定為「台商協會」。「22條」是大陸國務院頒布的法規，位階較低，規定只有台商才能參加台商協會，當時的審批也還不規範。

（2）隨著台資企業逐漸增多，從企業利益和職工權益考慮，吸取在台資企業中工作的大陸員工加入是合情合理的訴求。1994年3月5日，全國人大頒布的《中華人民共和國台灣同胞投資保護法》第10條規定：「在台灣同胞投資企業集中的地區，可以依法成立台灣同胞投資企業協會，其合法權益受法律保護。」1999年12月5日，全國人大頒布的《中華人民共和國台灣同胞投資保護法實施細則》第26條規定：「台灣同胞投資企業協會的合法權益以及按照章程所進行的合法活動，受法律保護。」進一步明細了台商在大陸投資的具體規定。

從「台商協會」到「台資企業協會」名稱的微妙變化，可以體會到這是一種深刻的制度創新，表現在以下三個方面：第一，台資企業協會大大拓寬了會員的範圍，一方面消除了台資企業內部台方和陸方的矛盾，促進了雙方的團結；另一方面促進了協會和台商的關係，有利於協會不僅為台商還是廣大為企業服務，增強了協會的功能、提高協會在台資企業中的地位。第二，提出了台資企業協會的管理辦法，明確了主管單位和部門的分工，加強了管理的規範化和有效性。第三，明確了台資企業協會的定位，它作為當時大陸唯一認可合法登記的台商組織，由當地台資企業或投資者自願組成，具有社團法人資格，發揮著溝通、聯誼和服務台商的作用，其運作受到《社會團體登記管理條例》的規範。

（3）2003年，根據《中華人民共和國台灣同胞投資保護法》和《社會團體登記管理條例》，國台辦和民政部共同頒布了《台灣同胞投資企業協會管理暫行辦法》，有效地保障了台資企業協會的合法權益，促進兩岸經濟交流與合作，規範台資企業協會管理。

這部《暫行管理辦法》解決了以下幾個問題：第一，明確了台資企業協會的定位。向當地人民政府提出申請，表明了台協是一個地方組織，具體執行中規範為「地級市」，主要服務各地台資企業。事實上，各地台商反映的問題重點不盡相同，特殊問題可以透過省台辦向省各級部門報告，更大的問題則可透過國台辦向中央各部委直接反映。第二，大大拓寬了協會會員的範圍。包括三個方面：①凡是台資企業在自願基礎上都可以參會，不論是獨資、合作經營或合資經營企業；②只要是台胞，無論從哪裡來到大陸投資經商者都算作台商；③自然人、法人都可以參加協會，在台資企業從業的台胞可以以本人名義加入。[6]第三，提出了台資企業協會的管理辦法，明確主管單位和部門分工，加強了管理的有效性。在台資企業集中的地方，申請成立台資企業協會，應首先向外經貿部門申請；外經貿部門接受申請後，會同當地台辦研究確定後送交民政部按規定登記。國台辦和地方台辦作為台資企業協會的業務主管部門，負責對台資企業協會進行業務指導和管理工作，同時提供服務和幫助。

下面闡述台資企業協會與外商投資企業協會的比較：

台資企業協會成立之前，1987年由商務部主管在民政部門註冊登記的中國外商投資企業協會（簡稱「外商協會」）在北京成立，外商協會的服務對象中包含了台灣同胞投資企業（見表3）。

表3外商投資企業協會和台資企業協會的比較

	外商投資企業協會(註1)	台資企業協會(註2)
首創時間和地點	1987年11月在北京創立	1990年3月20日在北京成立北京市台商協會
業務主管單位	商務部	北京市台辦
登記管理機關	民政部	北京市民政部門
成員	由在中國大陸的外商投資企業以及香港、澳門、台灣和海外僑胞投資企業為主，聯合組成的全國性不以營利為目的的社會團體。	以在大陸各地登記註冊的台資企業為主體、依法自願組成的社會團體。

續表

	外商投資企業協會(註1)	台資企業協會(註2)
宗旨	協會遵照國家對外開放、鼓勵外商投資的方針、政策和法律、法規，努力為會員合投資者服務，引導會員守法經營，維護會員的合法權益；增進會員之間、會員和政府之間的相互了解、友誼和合作，促進會員在中國社會主義經濟建設事業和國際經濟合作中發揮積極作用。	服務會員、推動海峽兩岸經濟交流與合作。

註1：根據外商投資企業協會網站（http://caefi.mofcom.gov.cn/index.shtml）和國台辦網站（http://www.gwytb.gov.cn/tbqy）資料整理而成。

註2：北京市台商協會是全大陸最早成立的一批台灣協會中的一個（另有深圳某地）

透過對外商協會和台資企業協會的比較，可以得出兩者的顯著區別：

第一，從外商協會的組成成員來看，台灣同胞投資的企業可以參加外商協會。因此，有些台資企業為了廣交朋友，既加入台資企業協會，又加入外商協會，這種雙重身分是允許的。相反，台資企業協會

中不能有其他外商企業參與，這在《台灣同胞投資保護法》中對台資企業協會會員資格有明確的界定。

第二，外商協會是全國性的組織，而台資企業協會是地方性組織。2008年成立的「全國台資企業聯誼會」也只是個聯誼性質的社會團體，與台資企業協會的動能不同，在各地並無分支機構。

第三，台資企業協會和外商協會的業務主管單位不同，分別由國台辦和商務部作為主管單位。台資企業協會是以大陸各地的台資企業為主體，依法自願登記組成的社會團體，為台資企業和台商服務，提供生產、生活中各類協助，是推動兩岸經濟交流與合作的重要橋樑。

第四，台資企業協會與外商協會的管理模式不同。外商協會屬於一般的社團組織，主要目的是促進會員在中國的經濟建設和國際經濟合作。而台資企業協會除了具有經濟性還有特殊的政治性，其活動始終離不開政府的協助和協調管理，主要有以下原因：台資企業赴大陸投資的初期，兩岸之間的交流並未實現直接「三通」，台資企業在中國大陸經營受到台灣政策限制和約束，和外資在大陸的起點很不相同，例如資金無法從島內獲得，人員、貨物往來也十分不便，經營成本自然會高於其他外商。所以，各級政府對台資企業關懷備至，台資企業協會協助企業向政府反映困難是一項重要而主要的任務。台商在具體經營活動中，也必然存在各種各樣的糾紛，這些問題往往透過台辦向相關部門轉達。政府為了提高辦事效率，需要針對一個有代表性的組織來出面處理這些問題，台資企業協會就扮演了這個角色。台資企業協會代表了台商的利益訴求，能夠組織和管理會員，這使得政府必須重視台資企業協會，而這一方面外商企業並沒有必要。

台資企業協會的主要功能和作用。

（一）台資企業協會（簡稱「台協」）是發展兩岸經濟關係的有力推手

「台協」作為當地台資企業的組織，所發出的聲音基本上代表了當地多數台商的具體利益和訴求，在與當地政府的溝通中得到了高度重視，國台辦也不定期地主動邀請各地台資企業協會會長與大陸國務院領導面對面溝通，包括對國家宏觀調控政策提出改善建議，台協會長在當地反映的問題主要集中在如何提高政府服務效率、改善投資環境等，解決融資困難，以及子女上學等具體問題，從而密切了台資企業與當地政府部門的關係，也使台商從中得到實惠。

各地台協開展多項服務工作，受到了企業和政府的歡迎。首先，「台協」在接待遠道來訪的台商時充當義務宣傳員，積極講解當地投資環境，客觀上為擴大招商引資發揮了「以台引台」的作用，很受當地政府的歡迎。其次，「台協」邀請當地海關、稅務、公安等部門與台商座談，協助台商瞭解有關法律法規，有時還請政府主要領導出面，直接參與和幫助會員調解與當地發生的矛盾糾紛，這樣不僅維護了台商的合法權益，同時也逐步提升了「台協」在台商群體中的威信，擴大了影響力。第三，「台協」積極協助當地領導部門和企業赴台考察，並在協助考察中積極向大陸介紹台灣各工商團體，認真策劃和聯繫實地參觀、與企業交流，直接參與當地的「招商引資」，推動了兩岸經濟關係發展。第四，「台協」最瞭解台商的需要，盡最大努力解決台商所面臨的困難。如強力推動在大陸成立「台商子女學校」，以及建立與台灣醫保制度相銜接的「台資醫院」等。在解決一樁樁關乎台商切身利益大事的過程中，「台協」功不可沒。從台灣方面來看，台灣對「台協」也十分關注。他們在一年三大傳統節日（春節、端午節和中秋節），均會邀請大陸「台協」負責人返台參加座談會和聯誼會，屆時，台灣主要負責人還會親臨致辭，以示關心。大陸「台協」會長也會利用這種場合，向當局提出諸如取消「戒急用忍」政策，放鬆投資管制的正當要求，並積極呼籲盡快實現兩岸「三通」等。這樣，在客觀上對台灣的大陸政策形成了壓力，迫使他們有所

「動作」。綜上所述，台資企業協會確實扮演了兩岸經濟關係推手的角色。

（二）「台協」是兩岸關係緊張時的「潤滑劑」

台資企業協會的成員主要是中小企業，反映在協會領導層中，他們大體上也多是由相當規模的、經營業績較好、有一定社會活動能力的中小企業負責人擔任，而大企業較少直接參與。這是因為大企業有條件直接與大陸國務院各有關部門和投資地的省市領導聯繫，反映情況，解決遇到的困難和問題，所以是否加入台資企業協會對大企業來說並不十分關切。因此從某種程度上說，「台協」主要代表了中小企業的呼聲。在台灣「一人一票」的選舉制度下，無論是執政的還是在野的政黨都十分重視選票，因此在兩岸關係非常緊張的時期，台商成了兩岸關注和爭取的對象。而台商多數贊成密切兩岸經濟關係，把企業做大做強，而維護兩岸和平穩定，是企業利益的基本保障，這對民進黨推行「台獨」路線是個「顧忌」，在客觀上，台商成為遏制「台獨」主張惡性膨脹的積極力量。所以「台協」就順理成章地成了兩岸關係的「潤滑劑」。

（三）「台協」成為推動大陸地方改革開放的積極因素

台資企業協會在台商與台商之間、台商與當地政府之間，甚至與省、中央政府之間，以及與其他「台協」之間建立了跨界聯繫，加強了理念、訊息和意見的溝通。台商帶著資本，帶著台灣或外部的經驗介入到當地政府的地方治理，並在一定程度上或某些地方參與了政府的決策過程，這些都成為積極因素，推動著大陸地方的改革開放。一些地方「台協」，被地方有關部門評為優秀民間組織、優秀社團，受到當地政府和社會群眾的肯定與好評。

（四）「台協」是台商溫暖的大家庭

各地「台協」在廣大台商中的影響力和吸引力不斷增強，台商都把台資企業協會看成是他們共同的「家」。一般來說，一個背井離鄉在外落戶的人最希望找到「家」的感覺。台商、台幹在緊張的工作之餘希望找人打球、旅遊、聊天、聚餐或娛樂，傾訴自己的心聲，以紓緩緊繃的神經。台協會還透過協會內有關委員會積極組織台幹家屬開展插花、書法繪畫等多種文化活動，使台商、台幹家庭充滿樂趣，這無疑對企業保持旺盛活力有較大的幫助。「台協」組織了多種活動，創造和提供了許多聚會的機會，這正是廣大會員所期盼的。有台商說：「在協會活動，只要說上幾句家鄉話，聽到幾句問候的話語，比什麼都高興。協會真是出外人的家，咱們的台商之家」。

（五）「台協」是兩岸人民情感交流的橋樑

「台協」積極組織台商在大陸各地捐建希望小學和資助貧困學生，參與貧困地區扶貧，組織台商參與大陸水災、旱災、地震等自然災害的救援救助工作，及時用行動傳達了台灣同胞對大陸人民的深情厚誼，這些善舉都在大陸傳為美談，深得大陸同胞的讚揚。協會還組織並廣泛參與兩岸各種經濟、文化交流活動以及各種研討會、論壇和參訪等，以其獨特的優勢，成為兩岸人民交流的最重要橋樑之一。

「台協」之所以發揮了其他民間社團所不可能造成的作用，原因在於台資企業是一個網絡，它們植根於廣大台商網絡和社會結構之中。透過協會的網絡，台商可以獲取有用的資源，包括經濟性的和非經濟性的，這符合廣大台商追求改善經營環境、降低經營成本以及尋求心理安慰的強烈願望。

這些資源來自兩方面。一種是嵌入性的資源，是由「台協」的網絡結構中設立的多種職位所決定的，不同職位享有不同的權益，意味著對有價值的資源有不同獲取的機會。如作為「台協」法人代表的會長可以代表協會直接與當地政府主要負責人（有時甚至是省、部和中

央領導）表達台商的意見和訴求，為台商謀取利益，但同時也有機會為自己的企業和政府建立了某種政商關係，而協會其他負責人為解決他所負責的業務需要和政府不同部門的領導經常溝通，也會建立起較為密切的工作關係。這些資源的利用是由於協會的「位置」決定的，所以稱之為嵌入性的資源。另一種是社會性的資源，是由台資企業協會組織網絡結構的特徵決定的，網絡就跟神經一樣，訊息可透過一層一層、一條一條網絡神經迅速從上到下，從這個台商傳到那個台商。例如中央的有關政策、政府對台商訴求的反饋、市場變化的訊息，以至於某一台資企業內部發生的什麼重要情況等，這對想借助協會網絡特性以及社會關係來索取訊息的普通會員——廣大中小企業台商而言也是十分寶貴的資源，是全體會員所共享的社會資源。在協會組織中，台協幹部和普通會員都有充分的發言權和參與權，選舉是協商加公開、公平的競選，因此大多數協會及其成員比較團結和有進取心。

截止2010年底，中國大陸25個省、自治區和直轄市已經相繼成立了116家台資企業協會（見圖2），會員企業達到兩萬多家，約占大陸台資企業總數的1/3。

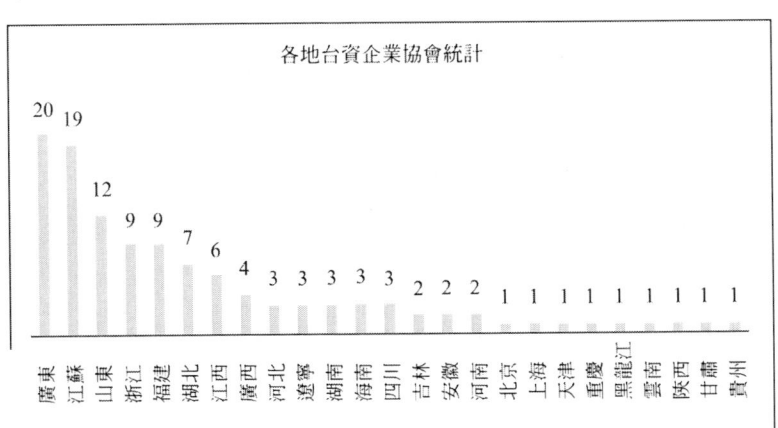

圖2 各地台資企業協會統計

資料來源：根據國台辦網站數據整理而成。

成立台灣同胞投資企業協會，有效地解決了台資企業內部和外部的交流、溝通與聯繫，可以說這是大陸對台政策制度創新的一個成功範例。經過多年的發展，各地「台協」認真執行章程，熱情履行義務，積極參與活動，為兩岸經濟關係的發展發揮了十分重要的積極作用。

三、涉台法律、法規相繼實施——台商權益保護有法可依

事實證明，有效的投資權益保障是兩岸經濟關係健康、穩定、持久發展的根本保證。在過去的二十多年中，隨著兩岸經濟往來的不斷發展，大陸從中央到地方在保護台商合法權益方面作了很多實際而富有成效的工作，相繼實施了一系列法律、法規，初步形成了較為完善的法律法規體系，其中有三個最重要的文件，分別是：

（一）1988年6月25日，大陸國務院公布了《鼓勵台灣同胞投資的若干規定》（簡稱「二十二」條）

1988年6月25日大陸國務院公布的「22條」從法規內容看比較全面，但卻比較原則，且其重點還在於「鼓勵」，而不是「保護」。同時「22條」沒有「實施細則」，各地各部門理解也不同，因而對台商的解釋和說法當然也不盡相同，從「保護」台商權益的角度來看，有其侷限性。隨著兩岸經濟合作的逐漸推進，出現的糾紛越來越多，案情也越來越複雜。例如跨地區的案子不可能任由一個地方解決，那麼誰來牽頭？又如，涉及地方政府與台商的糾紛，主管部門執法不公等問題也時有發生；再如台商和大陸企業的交叉糾紛等問題都很複雜。

如此形勢，客觀上要求大陸應盡快實施一部法律對台商投資權益進行更有效的保護。

（二）1994年3月，全國人大公布了《中華人民共和國台灣同胞投資保護法》

1993年下半年，在李嵐清副總理主持召開的大陸國務院對台經濟工作協調會議上，國台辦、外經貿部等有關部門分析了台商在大陸的投資形勢，反映了對台商投資權益保護不力的問題。會議決定向全國人大提出制定《台灣同胞投資保護法》的建議，並責成當時的外經貿部和國台辦負責起草相關文件送大陸國務院法制局審定後，再向全國人大報告。全國人大法制委員會於1994年初，連續一週審議該法草本。在此期間，國台辦派專人赴會備詢。1994年3月，在八屆人大常委會上通過了《中華人民共和國台灣同胞投資保護法》（以下簡稱《保護法》），將大陸國務院行政法規「22條」中對台商大陸投資的優惠政策不僅用法律手段規範下來，而且又增加了有關「保護」的內容，這樣做，充分體現了對台政策的連續性，從而形成了一部全面保護台商投資權益的法律文本。

（三）1999年12月，大陸國務院公布了《台灣同胞投資保護法實施細則》

1999年12月，大陸國務院頒布了經過五年反覆修改才形成的《中華人民共和國台灣同胞投資保護法實施細則》（以下簡稱「《細則》」），顯然，大陸方面對《細則》的「實施」是極為慎重的。一方面，國台辦、外經貿部等有關部門廣泛聽取了各部門、各地區對貫徹實施《保護法》的意見，重點和台資企業協會作了充分溝通；另一方面全國人大在《台灣同胞投資保護法》公布實施後，組織了執法檢查。執法檢查中，透過深入各地調查研究，不僅掌握了在兩岸經濟活動中出現的糾紛案件的大量實例，而且充分借鑑了各地在協調解決台

商糾紛案件中的成功經驗和不足。此外，國台辦還請台灣工商團體在島內廣泛徵求台商的意見，如台灣電電公會在島內做了調查後提出了許多條建議，外經貿部對這些建議採納了。最終，從有利於建設公平的市場環境和維護台商合法權益出發制定了該「細則」。該「細則」的實施為各地協調處理涉及台資企業糾紛的案件時，提供了公開透明和公正公平的行政依據。

由於《保護法》屬於全國人大透過正常立法程序批准的法律，所以《保護法》頒布後，雖然大陸國務院並未公開宣布廢止「22條」，但是對台商權益的保障方式無論從法律層級還是具體執行方面都有了質的提升。「22條」中所涉及的「鼓勵」方面的規定，由《保護法》第二條所規範，並在《細則》第六條和第十三條中都有了更加明確的解釋。

《保護法》第二條規定：「台灣同胞投資適用本法；本法未規定的，國家其它有關法律、行政法規對台灣同胞投資有規定的，依照該規定執行。」根據這一規定，台商在大陸投資興辦獨資企業及合資、合作性企業，都分別執行《外資企業法》、《中外合資經營企業法》和《中外合作經營企業法》的有關規定，享受相應的外商投資企業的待遇。

《細則》第六條規定：「台灣同胞投資，應當與國家國民經濟社會發展規劃相適應，符合國家產業政策和投資導向的要求，比照適用國家關於指導外商投資方向的規定。」第十三條規定：「台灣同胞投資企業依照國家有關法律、行政法規的規定，享受稅收優惠。」自此，關於台商「比照外資」的大陸投資待遇從此提升到了法律層面的高度。

四、成立台商投訴協調機構——使台商投訴有門

（一）關於「行政協調」的由來

　　《保護法》公布後，中央、大陸國務院有關部門和國台辦共同召開了一系列座談會，研究如何貫徹落實《保護法》。其中，特別聽取了廣大台資企業、各地台資企業協會以及台灣島內工商團體的意見，大家在充分肯定《保護法》重要性的基礎上，提出了要根據《保護法》的精神加強行政協調的必要性。因為台商發生的糾紛基本上都是民事糾紛，如果凡事都要透過司法方式解決，其程序複雜，解決過程必定會曠日持久。「小事情」要「大動作」，「小官司」要花「大價錢」。再加上兩岸關係的敏感性等，即使審判有了公正的結論，但執行起來也十分困難，因此，大家認為行政協調不僅必要而且可行，1994年以後幾年的實踐也已證明了這一點。在綜合多方意見之後，國台辦向大陸國務院報告，提出在全國各級「台辦」中設立「台商投訴協調機構」。1994年10月，大陸國務院同意了這一建議。經過半年的準備，1995年5月，國台辦台商投訴協調處正式成立。從此「行政協調」正式進入具有兩岸特色的台商權益保護的組織架構之內，成為司法、仲裁之外的一條極為重要的解決台商糾紛的渠道（見圖3糾紛解決的三種途徑）。

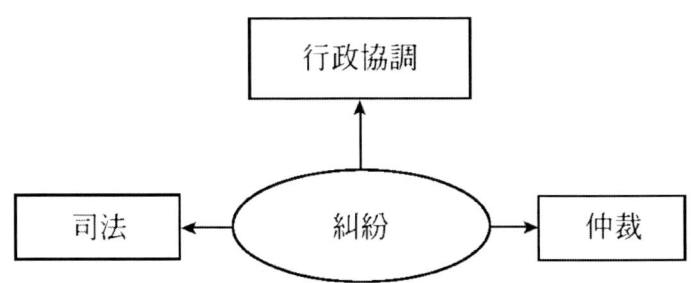

圖3解決台商糾紛的三種渠道

　　顯然，設立行政協調機構是「制度創新」的成果，這一機構開始並未正式列入國家行政編制系列，而是將「台商投訴協調處」設立在大陸國務院台灣事務辦公室直屬事業單位「海峽經濟科技合作中心」內，該中心是為台商服務的專門機構。因為當時國台辦並無台商投訴協調機構的編制，且無經費預算，而「經科中心」負責人又由國台辦經濟局長兼任，經費又是由台商捐贈的，所以在「經科中心」專設一個「處」來受理台商投訴為台商服務，雖是應急之舉但也在情理之中。事實上，處理案件前期的大量調研工作都是由「經科中心」負責，而有關糾紛則由經濟局直接處理。其實，從台商投資大陸一開始各種「糾紛」就出現了，由於是發生在台胞身上的事，當地台辦自然而然地都成了台商投訴的「窗口」。1991年至1992年，兩岸分別成立「海基會」、「海協會」兩大授權民間機構後，「兩會」就開始陸續接受台商的投訴。在大陸方面，台商投訴案件除一小部分由「海協會」直接處理外，多數案件最終都歸集到國台辦經濟局協調處理，這也為後來國台辦成立投訴協調局積累了經驗。2000年，國台辦為了加強台商投訴協調工作，在經濟局正式成立了投資協調處，從此結束了經濟科技合作中心承擔的台商投訴協調工作。2005年7月，國台辦正式成立了投訴協調局。台商投訴協調機構層級的不斷提高及發展的歷程和取得的成績充分說明了它在維護台商合法利益方面發揮了積極有效的作用（圖4、5是行政協調的工作關係和「行政協調機構」的發展過程）。從圖中可以看到投訴者可以透過六個「窗口」進行投訴，如有必要，最終可循四條渠道將投訴送達國台辦。

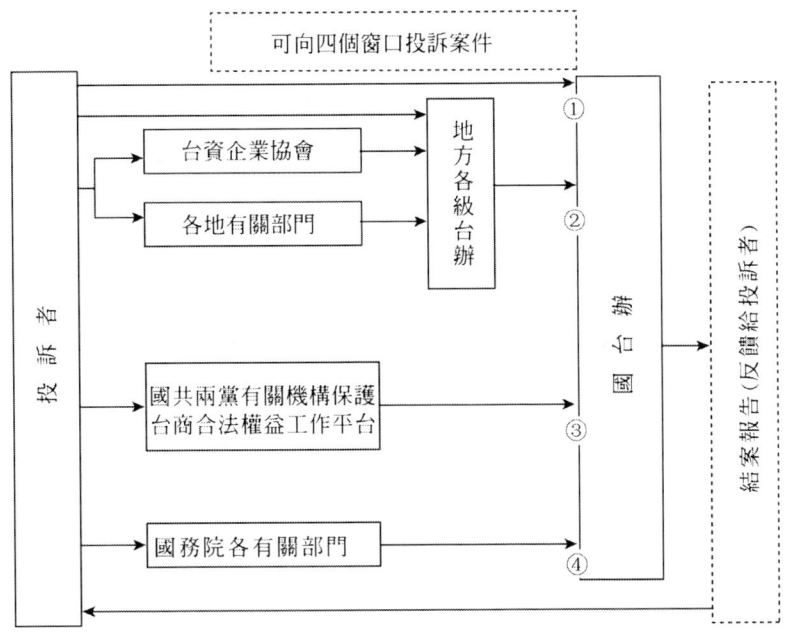

圖4行政協調的工作關係

值得一提的是，面對從嚴控制機構編制的形勢，國台辦卻增加了一個「投訴協調局」，充分說明了國家對兩岸關係以及對台灣同胞投資權益保護的高度重視，更是為兩岸經濟關係良性發展創造了又一有利條件。該局成立以來，積極貫徹落實中央有關保障台商合法權益的大政方針，認真處理台灣同胞重大投訴案件，成功解決了一批重大、複雜、敏感的台商權益糾紛案件，得到了台商的普遍肯定。同時，投訴協調局還積極推進了國共兩黨有關機構工作的平台建設。為貫徹落實2005年4月以及2006年4月「兩岸經貿論壇」達成的有關共識，認真兌現大陸對台灣同胞所作的莊嚴承諾，國台辦授權該局與國民黨大陸台商服務聯繫中心建立了有關工作合作機構和工作平台，並積極開展有關工作。截至2006年底，投訴協調局共受理「泛藍政黨」重要人士及國民黨大陸台商服務聯繫中心遞轉案件148件，已辦結94件，取得進展48件，贏得了廣大台胞的讚許。這表明投訴協調局的設立是適逢其

時，是大陸保護台商合法權益的又一個制度創新。

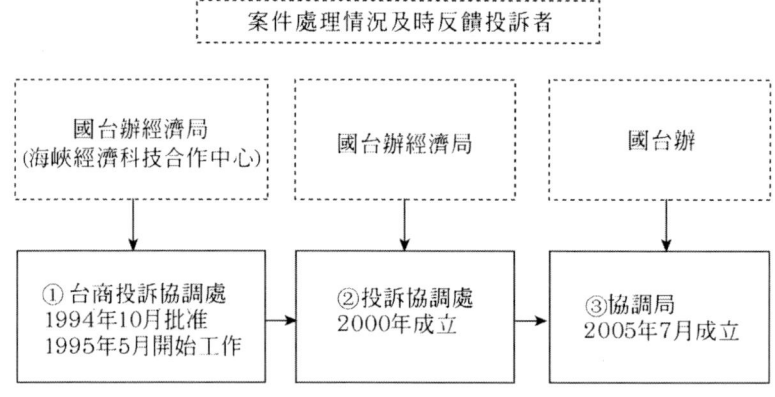

圖5行政協調機構的發展過程

　　隨著兩岸經濟關係的深入發展，各台商投訴協調機構與時俱進地緊緊圍繞廣大台商關心的權益保護問題，紮實推進台商投訴協調工作，建立高效務實、協調到位、保障有力的工作體制和運行機制，使這項工作法制化、制度化、規範化，力爭把大部分台商投訴化解在基層，化解在初發狀態。力求在台商進入大陸投資之前，就知法、懂法，不會因為對法律的認知不足而觸犯法律。保證台商合法權益在大陸免於受損，至少有三個可尋求解決的途徑：第一可向當地台辦、台資企業協會或國共兩黨有關工作機構投訴，透過行政協調獲得解決；二是可以提起訴訟，透過司法途徑解決糾紛；三是仲裁，依據雙方達成的約定提起仲裁，使矛盾糾紛得到解決。據瞭解，在當前台商投訴案件中，經濟糾紛案件和涉法涉訟案件相對較為集中，這表明部分地區的投資環境和法治環境尚存一定問題（見圖6）。

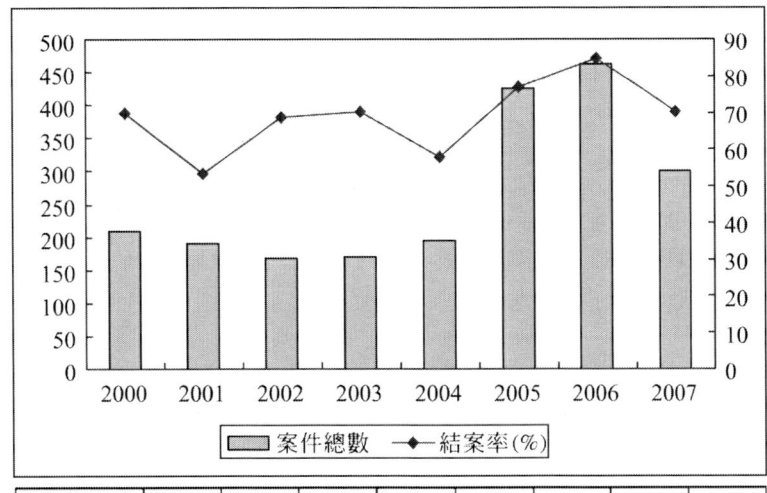

圖6 2000-2007年國台辦直接受理案件

　　台商投訴內容無所不包，其中特別突出的是內含了對「司法」和「行政」部門的投訴。（見圖7反映了糾紛大致包含的內容；圖8統計了2000—2006年國台辦直接受理案件類型情況）

　　2001年到2006年累計案件1343件，2007年至2010年累計案件1244件。2007年開始，國台辦對直接受理案件的統計類型進行調整，分為涉訴案件和非涉訴案件，故2001年到2006年統計表格和2007年到2010年的統計表格分類標準不同（見表4和表5），其中2010年案件總數為319件，其中非涉訴案件143件，非涉訴案件176件。

前途：再論兩岸經濟關係

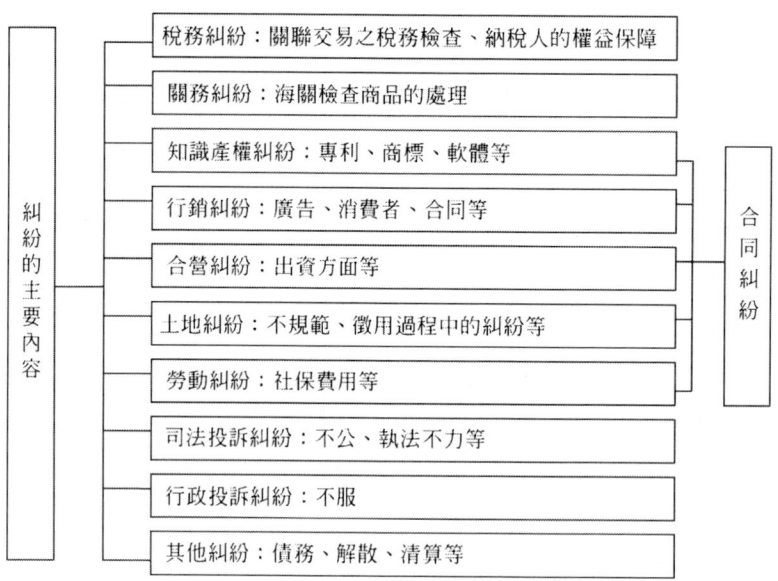

圖7 糾紛大致包含的內容

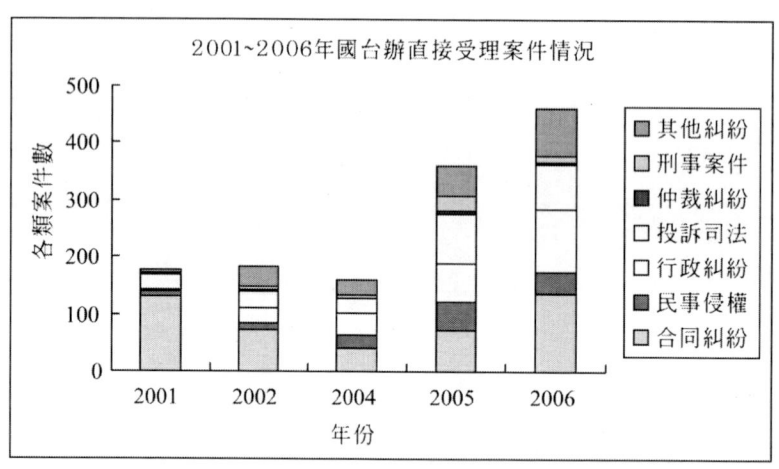

圖8 2000-2006年國台辦直接受理案件類型情況

表4 2001—2006年國台辦直接受理案件類型情況

年份	案件總數	合同糾紛	民事侵權	行政糾紛	投訴司法	仲裁糾紛	刑事案件	其他糾紛
2001	177	130	9	3	26	2	2	5
2002	182	72	13	25	30	2	5	35
2004	160	42	22	38	26	1	6	25
2005	361	73	48	67	88	6	27	52
2006	463	137	38	111	76	5	12	84

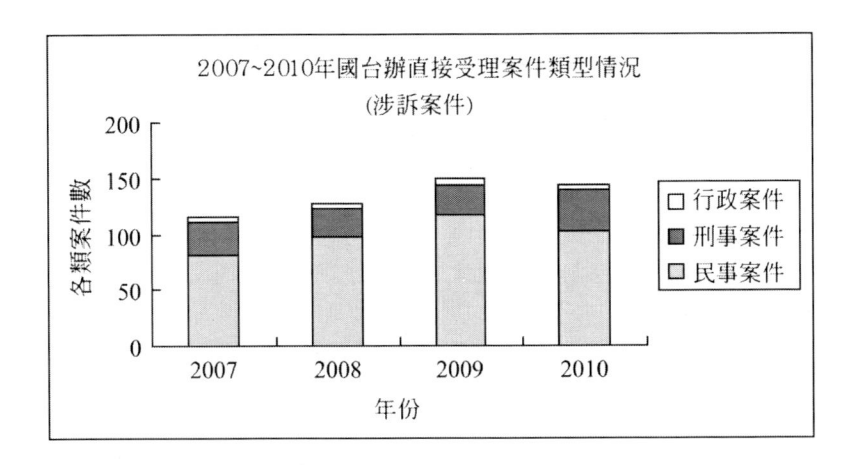

圖9 2007——2010年國台辦直接受理案件類型情況（涉訴案件）

（二）「行政協調」的特點

1.機構健全。國家從中央到地方都做到了台商「投訴有門」，且投訴立項手續簡單，免費受理，專人負責一辦到底。台商解決糾紛的成本低，避免冗長的司法程序，提高效率，尤其對涉及跨省市、跨部門的案件，其協調效果更明顯。

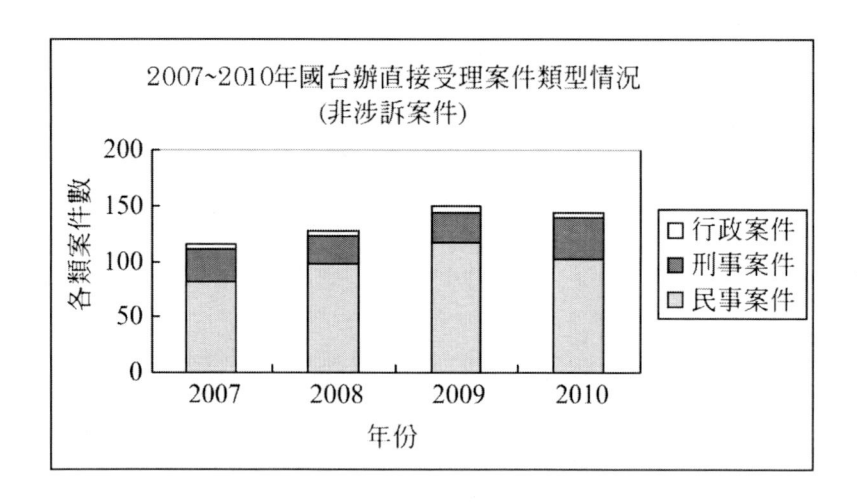

圖10 2007—2010年國台辦直接受理案件類型情況（非涉訴案件）

表5 2007—2010年國台辦直接受理案件類型情況

年份	案件總數	涉訴案件			非涉訴案件			
		民事案件	刑事案件	行政案件	民事案件	行政案件	仲裁案件	其他案件
2007	300	82	29	5	80	62	3	39
2008	319	98	25	5	109	53	3	26
2009	306	117	27	6	74	67	7	8
2010	319	102	37	4	70	95	7	4

2.化解矛盾。行政協調與司法、仲裁功能有所不同，但解決糾紛的原則基本相同，都是以事實為依據、以法律為準繩。行政協調以「調解」為主，比司法增加了「依理」、「依情」兩個因素，目的在於將矛盾糾紛「化解在萌芽」、「化解在基層」。所以，調解的結果往往使矛盾雙方不僅不傷感情，反倒使「冤家」結成了合作夥伴，這類例子甚多。

3.「台協」參與。大陸各地台資企業協會有條件參與辦理台商投訴案件，他們直接參與，主動提供情況，往往還提出解決方案的建議，為糾紛雙方和解提供良好的外部環境。

4.兩岸建立平台。2005年之後國民黨「大陸台商服務聯繫中心」也會接受台胞的投訴,國共兩黨共同建立了保護台商合法權益的工作平台。

5.民主性強。從行政協調工作關係和投訴的內容之廣泛性來看,行政協調具有高度的透明性,是非曲直大家心中都有數,協調中政府有關部門、當事企業領導、員工甚至親友也都發表意見,協調過程具有公開性和廣泛的民主性。

6.宣導法制。由於行政協調工作的群眾性強,也相應地造成了法制宣導的作用。讓企業做到守法經營、各級各部門依法維權。[7]

7.特殊照顧,具有「廣泛性」和「寬容性」。「廣泛性」是指投訴對象和投訴內容廣泛。「寬容性」是指台商確實對大陸法律不熟悉而造成的「觸法」。在協調過程中,經過宣導和教育,使觸法者有了新的認識,提供了守法的自覺性,對此可以從寬處理。

8.靈活性和人性化,形成了一套完整的行政協調機制,以事實為依據,以法律為準繩,以感情為基礎,依法、依理、依情三者結合,免費服務台商。

各地台灣事務辦公室都相繼設立了台商投訴協調中心或台商投訴協調處。首先都做到了「投訴有門」,並都建立了內部的專門授理責任制,從接到投訴開始直至處理完畢,負責到底。許多涉台部門還建立了「台商接待日」、「台資企業協調會」等與廣大台商的溝通機制。許多台商說,投資不可能沒有糾紛,關鍵是糾紛產生之後政府的態度,是否迅速採取行動,積極解決問題。

北京市台辦在健全機構、加強機制建設上下功夫,全市各級台辦都建立了接受台商投訴、協調處理矛盾糾紛的辦事機構。這些機構的任務和工作目標明確,辦事程序清楚,職責分明,並對各級機構及其

成員提出了年度考核要求。該市自建立日常投訴標準化處理模式以來，由於件件受理案件有專人、專管、專跟（跟蹤），所以結案率較高，反饋快速、及時，受到在京台商的肯定。

江蘇省南通市台辦一方面大力宣傳法律知識，力求涉台部門、單位和個人懂法、依法；另一方面則積極提倡各級台商投訴協調機構定期深入台資企業進行調研摸查，發現問題及時就地解決，真正將各種矛盾糾紛解決在萌芽狀態。該市至今仍然在江蘇省保持台商「零投訴」的良好局面。

作為台商投資密集地區之一的福建省，一直著力保護台商合法權益。截至2007年，該省已處理解決台商各類投訴案件864件，處理結案率高達98%。另外，福建省有關方面加強督辦力度，針對一些歷史遺留問題，著力解決一些久拖不決的台商投訴案件。該省在有關執法檢查中發現，近幾年，在閩台商投訴，年平均169件，與五年前台商投訴年平均423件相比明顯下降，台商投訴問題得到了及時有效的解決，成功率和滿意率不斷提高。[8]

五、關於兩岸司法協助

兩岸司法協助首先是涉及兩岸判決的執行問題。一般有兩種情況：一是兩岸法院各自作出民事判決，因債務人或其財產在對岸而導致判決需要對岸法院的認可和執行；二是兩岸法院各自作出民事判決的當事人之一是對岸的自然人或法人、組織等。這樣的案件雖能得到訴訟上的判決，卻由於特殊原因難以得到有效執行，不利於對當事人合法權益的保護，因而加強兩岸的司法協助有利於保護兩岸正常經貿

往來。

其次是兩岸仲裁裁決認可上的有關問題。仲裁制度是兩岸經貿糾紛解決的常用途徑。相對於其他方式，仲裁解決方式更加迅速、有效。目前兩岸都有條件地認可和執行對岸的仲裁裁決書，對於仲裁適用機構的選擇、仲裁的原則和程序等問題也都與國際上通行的準則基本一致，這樣有助於消除兩岸仲裁裁決認可和執行上的法律障礙和心理障礙。目前兩岸已有許多相互裁定認可和執行仲裁裁決的成功實例。

在兩岸民事判決的裁定和執行方面，上海司法界走在了前列。早在1998年，上海市第一中級人民法院裁定認可了台灣高雄地方法院關於高雄人許玲雯訴台灣長泰莊建設發展有限公司有償借款糾紛一案的判決，並進行了強制執行。許玲雯一案成功解決了大陸法院認可和執行台灣法院的民事判決問題，成為以後解決類似問題的範例。上海市透過兩岸官方授權或者委託，由上海市高級人民法院與台北市高級法院簽訂了《兩岸相互認可和執行民商事判決和仲裁裁決的協議》，內容包括裁定認可的條件和程序、公共秩序保留條款的含義及其限制等。有了官方授權與委託，這種協議具有了準官方性質，為兩岸所接受和認可並得到相對有效的執行。

第二章　台資「比照外資」——智慧的創舉

　　自1979年起國家積極倡導兩岸「通航、通郵、通商」的「三通」政策，歡迎台灣同胞前來大陸投資經商，但首先碰到的是對於台資身分認定的問題。主要在於：第一，中國憲法明確規定台灣是中國領土的一部分，台灣同胞是中國公民，這一點已得到國際社會的普遍承認，因而，台資理應屬中國國內資本，台商在大陸投資、貿易也理應享受與大陸同胞同樣的國民待遇。而面對兩岸三十年來的分離局面及兩岸政治經濟社會制度的差異，顯然又不合適把台資直接當做內資來對待。第二，當時大陸實行的是計劃經濟體制，若將台資當做內資管理，會因為兩岸政治制度、經濟體制、管理方式的巨大差異而無法讓台商接受，這無異於將台商拒之門外。因為在計劃經濟時代，所有投資者都須按照國家定位的「所有制」性質適用各自的政策，那麼台商該如何定位呢？這就給兩岸經濟合作出了一道難題，給台資企業的定位成了掃除台商投資大陸障礙的最關鍵一步。

　　為了順利建立兩岸經濟合作關係，台商投資的定位問題已無法迴避，對此，國家極具智慧地、創造性地採取了「政經分離」的原則，務實地解決了這一難題，就是將台資以「比照[9]外資」的法律法規和政策進行管理。

　　如果翻開對外商投資的法律法規文本就可以發現，幾乎所有的法

律法規在最後都會帶上台（港、澳）地區投資者的適用條款。

一、解決台資、台商定位的法律背景

改革開放初期，吸收外國資本和港、澳、台、僑資，利用其資金、技術、管理經驗等推動經濟發展，成為全國上下的共同願望和追求。由於當時港、澳地區分別是英國和葡萄牙的殖民地，所以將港澳投資定位為外資，這在當時是合法的、無可爭議的。由於台資身分的特殊性和敏感性，對港澳投資（作為外資）的法律定位顯然就不能適用於台灣同胞投資。按照憲法，台灣是中國領土的一部分，台商投資實際上是台灣同胞在中國其他省、市、自治區的投資，所以台資不能等同於外資。同時，由於改革開放初期以「一大二公三純」為特點的公有制在大陸經濟法制和實際經濟生活中占有絕對主導地位，私人資本的生存發展空間還很小，如果把具備國際流動資本特質的台資簡單當做中國國內私人資本，肯定不利於台資企業在大陸的順利發展。

1982年，五屆全國人大通過的《中華人民共和國憲法（修正案）》第十一條規定：「在法律規定範圍內的城鄉個體勞動者經濟，是社會主義公有制經濟的補充。國家保護個體經濟的合法權利和利益」。根據這一規定，大陸個體經濟、私人資本雖然有了國家根本大法的承認，但還受很多具體法律法規的限制。1988年6月，全國人大常委會通過《中華人民共和國私營企業暫行條例》，規範私營企業行為，保護私營企業主合法權益。儘管此時法律規範和保護了大陸私營經濟，但還不允許私人資本作為單獨的投資主體申請項目審批，對來自台灣的私人資本，則更是缺乏適當的法律條款予以定位、規範和保護。如果在當時匆忙將台資定位於大陸私人資本，並享有大陸一整套

私營經濟發展的政策，根本就達不到對台資企業發展和保護的目的。因此對台資既不能等同於外資，也暫時無法完全等同於內資，這就是1980年代引進台資所面臨的法律困境。為擺脫這個困境，暫時把台資作為特殊形式的內資，參照執行外資法的有關規定加以鼓勵和保護，是對台資企業發展和大陸經濟發展都有幫助的「權宜之計」。現在看來，「比照外資」儘管有其侷限性和一定程度上的「副作用」，但事實證明，這對後來兩岸經濟關係順利發展造成了至關重要的作用。

1988年6月，《大陸國務院關於鼓勵台灣同胞投資的規定》（簡稱「22條」）頒布，第一次提實施資「參照執行外資」待遇的政策，從大陸國務院行政法規的角度，初步解決了台商赴大陸投資的法律定位問題。

隨著《中外合資經營企業法》（1979年）、《外資企業法》（1986年）、《中外合作經營企業法》（1988年）和相應實施細則（屬大陸國務院行政法規性質）的頒布，以及有關外資設立、審批、經營和稅收、外匯等方面的法律法規逐步完善，從而形成了一整套的外資法律體系。這一外資法律體系當然也可以作為台商來大陸投資時參照執行的法律依據。

二、「參照外資」——對台貿易慣例的合理延伸

早在1979年1月《告台灣同胞書》發布前，國家有關部門在沒有先例的情況下，就按照對外經貿管理體制來處理對台貿易，其中包括很多未公開的貿易活動。《告台灣同胞書》發布後，為貫徹文件中「發展兩岸經濟聯繫」的精神，對外經濟貿易部負責人於1979年1月12日發

表談話：「台灣是中華人民共和國的領土，同台灣開展貿易，不能叫對外貿易，而只是地區間的交流。在目前情況下，外經貿部暫時負責這方面的業務。」[10]1979年5月，對外經濟貿易部又在《關於開展對台灣貿易的暫時規定》中說明：「對台灣貿易是台灣回歸祖國『過渡時期』的一種特殊形式的貿易，是為了促進大陸和台灣的經濟聯繫，團結爭取台灣工商界人士，為統一祖國創造條件。」[11]這種特殊形式的貿易體制之所以產生，是考慮到在兩岸分離的特殊情況下，台灣經濟以加工出口為主導，並擁有獨立貨幣、關稅和一套完整的外貿體制，所以參照對外貿易管理辦法處理對台貿易，既可以避免因兩岸政治僵局帶來的干擾，又可以順利務實地推進兩岸經濟聯繫。這種對台貿易制度的創新設計，顯然不是一勞永逸的，而帶有階段性特徵。同樣，投資則是兩岸經濟聯繫中的另一個重點，對台貿易與投資不僅為對台經濟活動的兩大主要內容，而且兩者關聯性甚密，自然而然地將對台貿易視同外貿的政策就從貿易領域延伸到了投資領域。根據1988年《大陸國務院關於鼓勵台灣同胞投資的規定》行政法規中表述的對台資企業「參照執行國家有關涉外經濟法律、法規的規定，享受相應的外商投資企業待遇」的條款，一律將台資按照「參照外資」的政策來管理。這其中「涉外法規」應該包括原外經貿部有關對台貿易的文件精神。

　　1980年代初逐步形成的按照對外經貿管理體制處理兩岸貿易與投資事務的政策，既解決了台商投資大陸所面臨的法律定位難題，又較好地體現了大陸對台商的「鼓勵」和「保護」。

三、「參照外資」——應對計劃經濟模式下的務實政策

1980年代初，大陸計劃經濟體制尚未開始轉型，企業的投資立項審批權都還集中在中央政府，企業並不具備自主的投資決策權，大型投資項目若不被列入國民經濟和社會發展計劃內，就無路可走，更談不上發展。當時內資民營企業都還十分弱小，投資更被列在計劃之外，企業的設立、生產、營銷等方面都在體制外運作。這時，台資企業要進入大陸，首先面臨的就是投資立項審批的問題。參照執行外資法，給予台資「參照外資」的待遇，解決了在計劃經濟體制下，台資企業投資立項審批的合法程序問題。從而，對台資企業的審批做到了有法可依、有制可循。1980年代初，隨著外資法律法規體系的建立，外國直接投資項目的立項審批程序擁有比內資更為便捷的投資審批渠道。80年代後期，隨著對台經濟政策的不斷完善，外資管理體制在國家各有關部門之間的分工進一步明確，對於台資「參照外資」的政策已在國家各個部門完全得到了落實，台商投資大陸也逐步與形成中的外商投資政策完全接軌，這的確是適應當時兩岸政治經濟形勢的務實政策。也可以說是兩岸經濟關係發展史上最重要的一個制度創新。

四、台資「比照外資」的內容分析

　　回顧台資「比照外資」政策實施的歷程，我們發現，自1980年代至今，以「比照外資」為標誌的台資政策本身經歷了兩個發展階段，存在著三個層次：第一層次從1988年到1994年，根據《大陸國務院關於鼓勵台灣同胞投資的規定》（1988）實行的「參照執行」外資法規定，在大陸國務院法規層面上確定了台資的定位，重點在於鼓勵台商在大陸發展。第二個層次即從1994年至今，通過《台灣同胞投資保護法》（1994）將「參照外資」改為「比照外資」，又在全國人大立法

層面上確定了台資的定位。同時,以「比照外資」的提法在表述上體現了政策的法律化。在鼓勵台商投資的基礎上,加強了對台資企業的保護。同時並存的還有第三個層次,即根據大陸國務院下發的國發(1994)44號文件規定的「同等優先,適當放寬」特殊政策,放寬了台資進入大陸市場的門檻,凸顯實施資的特殊性。這是在法律之外又增加了一個鼓勵性法規。可以說「參照執行」外資法、「比照外資」法律規定以及「同等優先,適當放寬」政策,構成了大陸台資政策的三個層次。[12]至此,對台商投資大陸的法律「定位」及其相關的「鼓勵」和「保護」都有了一個較為完整的體系,這一體系的最大特點在於:台資既享受外資待遇、但又有與外資不完全相同的待遇,體現了台資企業與外資企業的區別,這也就為最終解決台資企業的身分認同留下了空間。

第三章　兩岸接觸商談機制的形成和發展

　　海峽兩岸自1949年分離以來，一直處於軍事對峙狀態，即便是在1979年大陸發表《告台灣同胞書》後也是如此。大陸只能透過各種方式向對岸的台灣喊話，希望透過商談的方式解決兩岸爭端，但這一善意被台灣一再延誤，致使兩岸對話、商談的通路被長期堵塞。1987年11月2日，迫於各方壓力，台灣開放了民眾赴大陸探親，兩岸被抑制的親情及交流慾望如同火山一樣噴發。據台灣方面的統計，從1987年11月到1991年12月的四年間，兩岸人員往來超過240萬人次，其中台灣來大陸探親的人數約50萬人次，大陸赴台探病奔喪的人數也超過一萬人次；書信往來累計達到4300多萬件。兩岸經貿方面，經由香港的轉口貿易，約160億美元，間接投資超過25億美元。兩岸民間交流掀起之後，大陸找到了發展兩岸關係新的支點，就是一方面透過經濟合作和各項交流促進「三通」，另一方面為解決合作和交流中出現的問題積極探討兩岸接觸商談的可能性，並創造條件盡力推動。

一、兩岸接觸商談機制的不斷創新，關於「海峽兩岸經貿協調會」

1989年年中，台灣同胞繼探親「熱」之後，紛紛在大陸尋求投資機會。當時，大陸各地對台商投資既歡迎又「害怕」，主要是對有關政策不瞭解，怕犯「政治性錯誤」，而「招商引資」對大陸各地政府和企業來說還是個新鮮名詞。而台商也心存各種疑慮，如對交通、通訊、電力供應等基礎設施資訊搞不清楚，且對諸如稅收項目及優惠政策、進出口海關運作及政法職能部門的軟性資訊等，更有「一頭霧水」的感覺，為此還真鬧出了不少笑話。當然更害怕投資沒有保障。面對這種局面，當時國台辦十分希望能建立一種中介服務機制來為兩岸經濟交流、合作搭橋、鋪路。台灣商業總會理事長張平沼和台灣仲裁協會理事長黃綿綿先生，1989年多次到大陸考察訪問。期間與「中國貿易促進會」磋商在香港合作成立一家具有諮詢服務和糾紛協調功能的機構，共同推進兩岸經貿關係。1989年12月10日，大陸「中國貿易促進會」出面與台灣「兩岸商務協調會」（該會由張平沼、黃綿綿先生發起組建）聯合成立「海峽兩岸經貿協調會」。這是兩岸第一個透過民間協商共建的經貿諮詢服務機構。機構的公開成立觸犯了台灣的有關規定，張平沼先生立即遭到國民黨的黨紀處分，因此，該機構還未開展什麼活動就被叫停了，幾乎是「胎死腹中」。儘管如此，張平沼先生仍積極組團於1990年至1991年期間，率領共計三百多位台商，與大陸「中國貿易促進會」合作，先後在北京、上海兩地，與大陸各地「貿促會」分會和眾多大陸企業共同舉行大型兩岸經貿交流研討會。在北京活動期間，江澤民總書記還接見了其中約四十多位台灣企業界代表。可以說，這一系列由大陸「中國貿易促進會」和台灣「商業總會」組織的活動開啟了兩岸透過民間組織的協商進行交流活動的先河。為兩岸接觸商談機制的形成既奉獻了經驗也取得了教訓。

二、「金門協議」——兩岸「紅十字會」進行的商

談

　　1990年7月22日,台方以極不人道的方式遣返大陸漁船「閩平漁5540號」,造成了25名大陸私渡人員窒息死亡。同年8月13日,台方又將50名私渡人員強行並船遣返,導致「閩平漁5202號」被台軍艦撞沉,21人落水遇難。這是台灣軍警不斷介入兩岸海上漁事糾紛並人為造成事態複雜化的結果。事發以後,海內外輿論對台灣草菅人命的行徑進行了強烈的譴責,呼籲台灣廢棄「不接觸、不談判、不妥協」的「三不」規定,與大陸方面盡速接觸會商,針對海峽兩岸人民渡海往來事宜,簽訂明確的規範,使台、閩同胞皆有法可依,徹底杜絕悲劇重演。在內外壓力之下,台灣方面開始透過各種渠道,尋求與大陸聯繫商談,而這一歷史的使命最終落在兩岸紅十字會這個人道主義組織身上。

　　兩岸紅十字會經過協商,商談地點選定在與廈門一水之隔的金門島。對選擇商談地點,當時兩岸當事人都費了一番心思。一開始,台灣提到菲律賓和日本,但大陸不同意,認為談中國人自己的事沒有必要跑到國外去。最後,台灣紅十字會祕書長、台灣的主談代表發來傳真,建議雙方在金門商談,從而使選址問題得以解決。之所以選在金門是有特殊意義的,金門在台灣當時的規定中仍列為戰區,不作為行政部門管轄的地區。

　　1990年9月,中國紅十字總會祕書長韓長林、理事樂美真、台灣事務部部長張希林與福建省紅十字會副會長計克良及福州市紅十字會副會長方慶雲,擔任大陸方面參加商談的人選,並由韓長林和樂美真作為主談者。

　　商談正式開始時的主題是關於人員遣返問題。台灣紅十字會表明

了遣返的迫切性，大陸紅十字會則建議遣返應在馬尾-馬祖之間進行，而不應捨近求遠。雙方對於紅十字會在遣返問題上的職能定位都確認為「參與見證」。由於雙方的坦誠相待，商談進行得很順利，然而，談到遣返什麼人的時候，即對於定義被遣返者的身分上存在分歧，於是談不下去了。台灣方面代表一開始就提出來是遣返「非法越境者」，而大陸方面代表則考慮「非法」，這個「法」沒有界定；「越境者」的「境」，是國境、省境、邊境，還是關境，也沒有明確的概念。大陸紅十字會認為，從事正常捕魚作業和因避風、觸礁、機器故障等原因抵達對方的漁民不應列入遣返範圍。經過再三斟酌，大陸方面代表提出了一個新的提法，即：「違反有關規定進入對方地區的居民」，雙方代表一致認為這個提法不錯，立即就取得了共識。

1990年9月19日上午10點，海峽兩岸同時發表了一份新聞稿。這篇新聞稿蘊含的內容非同尋常，它記錄著海峽兩岸民間機構自「兩航談判」以來的再次成功接觸，更記錄著一個在日後兩岸交流進程中具有重要影響的文件的產生，這個文件就是著名的《金門協議》。

《金門協議》確立了「人道精神與安全便利」的遣返原則，明確以「違反有關規定進入對方地區的居民以及刑事嫌疑犯或刑事犯」為遣返對象，商定了以馬尾—馬祖和廈門—金門為遣返交接點，並確定了資料送達、覆核、專用船使用、交接見證等遣返程序。同年10月8日，由兩岸紅十字組織見證的私渡人員遣返作業正式開始。

《金門協議》是兩岸分離四十多年來的第一次有官方背景的歷史性協議，它表明兩岸完全可以透過商談，發揮中國人的智慧來解決自己的問題。《金門協議》的簽訂，對於維護兩岸民間交流、交往的正常秩序，尤其對於後來台灣「海峽兩岸交流基金會」和大陸「海峽兩岸關係協會」的順利誕生造成了催生作用。

兩岸商談與對話一覽表（**1986年—1999年**）

時間	地點	名義與層級	議題與內容	備註
1986年5月17日-20日	廣州	中國民航與台灣「中華航空公司」	處理王錫爵駕機來大陸台「華航」B198號貨機返台事宜。	
1990年9月10日	金門	中國紅十字總會與台灣紅十字組織	解決違反有關規定進入對方地區的居民合刑事嫌疑犯或刑事犯的遣返問題，達成「金門協議」	
1991年11月3日-7日	北京	國台辦副主任唐樹以個人名義與海基會副董事長陳長文	商談合作打擊台灣海峽海上走私、搶劫犯罪活動的程序性問題。	

續表

時間	地點	名義與層級	議題與內容	備註
1992年3月	北京	海協部主任與海基會處長	兩岸公證書使用和兩岸掛號函件遺失查詢及補償業務問題	中國公證員協會、中國通訊學會郵政專業委員會參加
1992年10月27日-29日	香港	海協部主任與海基會處長	商談兩岸公證書使用問題。此後不久,透過函電聯繫,雙方達成各自以口頭方式表達「海峽兩岸均堅持一個中國的原則」共識。	
1993年3月25日-27日	北京	海協副秘書長、部主任與海基會處長	討論辜汪會談預備性磋商的程序性事宜,並就「兩岸公證書使用查證」「兩岸掛號函件查詢、補償事宜」兩項協議草案達成一致意見。	
1993年4月8日-11日	北京	海協負責人與海基會負責人	辜汪會談的預備磋商。兩會負責人草簽了《兩岸公證書使用查證協議》、《兩岸掛號函件查詢、補償事宜協議》。	
1993年4月22日-26日	新加坡	海協負責人與海基會負責人	為辜汪會談作最後準備	

兩岸商談與對話一覽表

時間	地點	名義與層級	議題與內容	備註
1993年4月27日-29日	新加坡	海協會長汪道涵與海基會董事長辜振甫	第一次辜汪會談。就兩會會務、兩岸經濟和文化科技交流等問題交換意見。簽屬了《汪辜會談共同協議》、《兩岸公證書使用查證協議》和《兩岸掛號函件查詢、補償事宜協議》。	
1993年8月30日-9月3日	北京	海協副祕書長與海基會副秘書長	討論落實辜汪會談有關協議和安排問題	
1993年11月2日-8日	廈門	海協副祕書長與海基會副秘書長	協商解決「兩岸劫機犯遣返」、「協商處理兩岸海上漁事糾紛、違反有關規定進入對方地區人員遣返及相關事宜」三項事務性問題。	公安部、農業部、福建省邊防局官員以海協顧問名義參加商談
1993年12月18日-23日	台北	海協副祕書長與海基會副秘書長	同上。	
1994年2月1日-4日	北京	海協負責人與海基會負責人	就上述三項議題和兩岸經濟、文教交流及開辦兩岸特快專遞事宜交換意見，發表《共同新聞稿》。	
1994年3月25日-30日	北京	海協副祕書長與海基會副秘書長	繼續協商「兩岸劫機犯遣返」等三項議題	
1994年7月29日-8月2日	台北	海協副祕書長與海基會副秘書長	同上	

續表

時間	地點	名義與層級	議題與內容	備註
1994年8月3日-8日	台北	海協負責人與海基會負責人	就解決上述三項議題中的症結問題達成文字共識,並就台商投資保護、維護兩岸同胞權益等問題交換意見,發表了《共同新聞稿》。	
1994年11月23日-26日	南京	海協副秘書長與海基會副秘書長	繼續討論「兩岸劫機犯遣返」等三項議題。海基會推翻了兩會負責人8月份在台北達成的共識。	
1995年1月	北京	海協負責人與海基會負責人	就「兩岸劫機犯遣返」、「違反有關規定進入對方地區人員遣返」兩項議題達成一致的協議文本,但台灣當局拒絕簽署。	
1995年5月26日-29日	台北	海協負責人與海基會負責人	第二次辜汪會談第一次預備性磋商。雙方商定當年7月在北京舉行第二次辜汪會談。但由於李登輝訪美從事製造「兩個中國」活動,兩會事務性商談被迫中止。	
1998年4月22日-25日	北京	海協副秘書長與海基會副秘書長	就辜振甫來訪事宜和開展兩岸政治對話交換意見。	
1998年7月24日-31日	台北	海協副秘書長與海基會副秘書長	海協副祕書長率交流團赴台參訪。繼續就辜振甫來訪事宜和開展兩岸政治對話交換意見。	
1998年9月22日-24日	北京	海協負責人與海基會負責人	商定辜振甫來訪安排	

續表

時間	地點	名義與層級	議題與內容	備註
1998年10月14日-19日	上海、北京	海協會長汪道涵與海基會董事長辜振甫	在上海，汪、辜達成包括進行政治、經濟對話和汪道涵適當時候訪問台灣等四項共識。	
1999年3月17日-18日	台北	海協副祕書長與海基會副祕書長	就汪道涵訪問和兩會對話安排事宜交換意見。	
1999年6月27日-28日	北京	海協副祕書長與海基會副祕書長	繼續就汪道涵訪問和兩會對話安台事宜交易意見，原則確定汪道涵於當年秋天訪台。7月9日，李登輝拋出「兩國論」，兩會接觸、交流、對話再次被迫中斷。	

資料來源：國台辦網站。

三、建立「兩會」制度性協商機制

自1988年以來，海峽兩岸民間交往日益頻繁，特別是兩岸經濟交流日趨熱絡，大量事務性、經濟性問題急需兩岸共同協商解決。《金門協議》只是解決了一個特定的問題，事實上兩岸間發生的任何問題都屬於綜合性的，需要官方層面的參與和認可才能解決。

台灣方面於1990年11月21日宣告成立「財團法人海峽交流基金會」（以下簡稱「海基會」），並於次年3月9日正式掛牌運作。國民黨中常委、台灣工商協進會會長、時年73歲的辜振甫出任董事長。在由43人組成的董事會和由6人組成的監事會中，除了島內知名企業家之外，各主要政黨、各主要媒體及台灣各個與大陸事務有關的部、會，都有代表出任董監事，「海基會」事實上成為了台灣不同黨派之間溝通的一個平台。

在此之前，台灣分別成立了所謂的「國統會」以及「陸委會」。「海基會」作為台灣官方授權的民間機構，負責接受「陸委會」的委託，辦理當局「不便與不能」出面的兩岸事務，工作重點是「交流」、「服務」、「協商」兩岸的相關事務。

上任伊始，辜振甫就宣布了「海基會」的宗旨：「中國的、善意的、服務的」，希望為兩岸民眾建構起一座溝通的橋樑。據台灣聯經出版社出版的《勁寒梅香——辜振甫人生紀實》一書記述：「兩岸關係成了他晚年最主要的志業，投注的心力，不比他經營的事業少。……」。海基會開始運作時，辜振甫在第一次講話中勉勵同仁：「發揮犧牲奉獻的精神，不求名利；要以誠信務實的做法，為兩岸民眾排除困難，解決問題；一方面做好主管機關台灣『陸委會』的委託事項，同時也要為兩岸建立開誠互信的管道與溝通模式。」

1991年12月16日，大陸也相應成立了「海峽兩岸關係協會」（以下簡稱「海協會」），定位為社會團體法人。海協會是大陸方面與台灣方面商談兩岸交往中相關問題的受權團體。《海峽兩岸關係協會章程》規定：海協會以促進海峽兩岸交往，發展兩岸關係，實現祖國和平統一為宗旨。理事會為海協會最高權力機構。按照協會的章程，海協會還可以「接受有關方面委託，與台灣有關部門和受權團體、人士商談海峽兩岸交往中的有關問題，並可簽訂協議性文件」。在當天召開的第一屆理事會上，汪道涵當選為「海協會」首任會長。2005年12月汪道涵逝世後，海協會會長一職長期懸缺。在2008年6月3日召開的第二屆「海協會」理事會會議上，原國台辦主任陳雲林當選為新任會長。

1992年，海協會與海基會在香港的兩岸事務性商談中，就如何表述堅持一個中國原則的問題進行了討論，後來形成「九二共識」，為海協會和海基會以後的商談奠定了政治基礎。1993年4月，海協會會長

汪道涵和海基會董事長辜振甫首次在新加坡舉行會談,這是自1949年以來兩岸高層人士首次以民間名義進行的公開會晤。這次會晤,建立了兩岸制度化協商的機制,標誌著兩岸關係邁出了歷史性的重要一步。此後,雙方又舉行了二十多次不同層級的商談包括1998年在上海舉行的「辜汪會晤」。直到1999年7月李登輝拋出「兩國論」後,「兩會」商談才被迫中斷。

儘管如此,「兩會」成立以後促成了兩次「會談」,為增進兩岸人民的交往提供了重要幫助,破除了一些障礙,兩岸的商談也開始進入了制度化管道,並透過商談帶動了兩岸的交流和兩岸關係的改善。在汪、辜二老主持下達成的一些協議和原則,至今仍然在發揮作用。事實證明,它們在促進兩岸交流、兩岸對話方面的作用是不容置疑的,兩會在兩岸商談中的地位也是不可取代的。

四、「兩會」商談的延續和發展——從「辜汪會談」到「江陳會談」

2008年6月12日,中斷近十年的「兩會」商談,在「九二共識」的基礎上正式恢復了協商。6月13日,由大陸海協會會長陳雲林和台灣海基會會長江丙坤簽署了《海峽兩岸包機會談紀要》與《海峽兩岸關於大陸居民赴台灣旅遊協議》(人們習慣稱之為第一次「江陳會」)。這也是自1999年7月,兩會商談中斷後的再度對話。在這「兩會」中斷協商的近十年間,兩岸風雨不斷。「兩會」恢復往來,重啟協商的大門,使兩岸關係走上了正常的對話、協商的軌道,說明兩岸關係確實發生了重大變化。

2005年時任中國國民黨主席的連戰先生訪問大陸的「和平之旅」開始。從那時起國共兩黨開始了交流和對話，並以《新聞公報》的形式共同發布了「兩岸和平發展共同願景」，國共兩黨協商平台的建立為兩岸關係的改善發揮了重要作用。

2008年3月，馬英九先生贏得台灣領導人的選舉後，表示願在「九二共識」的基礎上恢復兩岸商談，這為兩岸關係的改善和深化奠定了基礎。5月26日，中國國民黨主席吳伯雄一行抵達南京。5月28日下午，胡錦濤總書記和吳伯雄主席會談。雙方共同確定了處理兩岸關係的十六字方針，即「建立互信、擱置爭議、求同存異、共創雙贏」，從而為兩岸「兩會」盡快恢復商談指明了方向。

兩岸「黨際」對話平台與「兩會」事務性協商平台，實際上形成了促進兩岸交流和溝通的雙向渠道，在當前兩岸關係的發展中，相輔相成，互相補充。

第一次「江陳會」後，2008年11月，雙方在台北舉行了第二次制度性協商，簽署了兩岸「空運直航」、「海運直航」、「郵件直達」、「食品安全衛生」四項協議。這標誌著「兩會」運作已從「辜汪」時代的政治象徵性階段躍升至兩岸經濟關係走向制度化的實踐階段。

2009年5月，「兩會」在南京舉行了第三次制度性協商，簽署了「定期航班」、「金融合作」、「司法互助」三項協議。前三次會談，著重圍繞兩岸經濟關係正常化、結束兩岸經濟交往無序和投資貿易行為單向的狀態展開。與此同時，從關心兩岸民眾福祉出發，大陸組織了赴台旅遊、赴台大規模採購等一系列措施的落實，針對國際金融風暴等，兩岸共同採取了一系列務實性應對措施。

2009年12月下旬，「兩會」領導人第四次會談在台中市結束。除了簽署有關兩岸漁船船員勞務合作、兩岸農產品檢驗檢疫合作、兩岸

標準計量檢驗認證合作等三項協議外，雙方還明確把商簽《兩岸經濟合作框架協議》，作為2010年上半年第五次兩會會談的重點議題，並為此盡快啟動兩會框架下的專家級磋商。

2010年6月29日，受到兩岸民眾尤其是台灣工商界人士普遍期盼的《兩岸經濟合作框架協議》（簡稱ECFA13）[13]終於在第五次「兩會」會談中正式簽署。兩岸經濟關係走向制度化有了良好開端，兩岸經濟合作從此邁向了新的歷史時期。

除「兩會」協商的主渠道之外，在2000—2008年之間業界還進行了有關「節日包機」等的商談；2008年之後，企業界之間進行「產品標準化」商談等。在民間層面上，「企業對企業」、「行業對行業」的商談一直持續不斷。

不難看出，兩岸經濟關係從隔絕走嚮往來，從停滯走向發展，兩岸的不同層次（包括企業、產業、行業）的協商也造成了重要的促進作用。由此可見，兩岸商談有著堅實的民意基礎。一旦「官方」協商中斷後，兩岸卻會按不同的功能而追尋各種渠道，形成多種形式的商談。所以說，兩會商談的真正動力來自於民眾的推動，而商談的結果也確實對民眾有利。這些商談也是建立和提升兩岸互信的必要前提。從另一個角度看，實質上就是兩岸從實際出發，不斷地對制度、機制等進行了一系列的創新。顯然，大陸改革開放三十年，在推進兩岸經濟關係形成和發展過程中，制度因素造成了的關鍵性作用。

對於兩岸來說，在非制度因素（如資源稟賦，包括自然資源、人力、技術等）都很充分的情況下，有效的制度創新不僅可以造成「破冰前行」的作用，而且更重要的是制度創新又會促使兩岸資源的潛力得到最大化發揮。

兩岸「兩會」商談一覽表（**2008—2010**年）

日期地點	次別	議題內容	效果影響
2008年6月12日-14日北京	第一次	兩岸包機大陸居民赴台旅遊	簽署紀要和協議標誌新形勢下兩岸關係改善、發展有了一個良好開端
2008年11月3日-7日台北	第二次	兩岸空運、海運、郵政、食品安全	簽屬兩岸空運、海運、郵政、食品安全協議兩岸基本實現(通郵、通航、通商)「三通」
2009年4月25日-26日南京	第三次	兩岸空運補充協議、金融合作、共同打擊犯罪及司法互助	簽屬兩岸空運補充協議、金融合作、共同打擊犯罪及司法互助三項協議,大陸企業赴台投資達成原則共識。預示兩岸實現全面、直接「三通」
2009年12月21日-25日台中	第四次	兩岸漁船船員勞務合作、農產品檢疫檢驗、標準計量檢驗認證合作	簽屬兩岸漁船船員勞務合作、農產品檢疫檢驗、標準計量檢驗認證合作三項協議
2010年6月29日重慶	第五次	兩岸經濟合作框架協議	簽屬ECFA為兩岸經濟關係正常化、制度化和自由化提供保障機制

資料來源：本表根據《人民日報海外版》2010年6月30日報導繪製。

第四章 兩岸特色經濟合作機制的建立

一、建立兩岸特色經濟合作機制

（一）背景

背景一：兩岸特色經濟合作機制是在兩岸關係十分複雜的環境下逐步形成並在兩岸的共同努力下得以實現的。

2002年1月，在紀念「江澤民《為促進祖國統一大業的完成而繼續奮鬥》重要講話發表七週年」大會上，時任副總理的錢其琛先生首次提出建立「兩岸經濟合作機制」的構想。

2005年4月，中共中央總書記胡錦濤與時任中國國民黨主席的連戰在北京共同發布「兩岸和平發展共同願景」，提出兩黨將共同促進兩岸經濟全面交流，建立兩岸經濟合作機制。其後，兩岸各界有識之士不斷探討和呼籲，兩岸應以簽署協議的方式建立兩岸經濟合作機制，實現兩岸經濟關係正常化，推動經濟合作制度化。

2008年9月，國台辦王毅主任在第三屆海西論壇上指出：機制（兩岸經濟合作）的運作，既要立足於當前，也應著眼於長遠；既要體現兩岸經濟的特點，又要應適應兩岸關係發展的需要，從而逐漸構築起長期穩定的、具有兩岸特色的互利雙贏總體框架。

2007年，馬英九在台灣大選時重提蕭萬長幾年前提出的「兩岸共同市場」的概念，遭到有關人群攻擊為「一中市場」。馬英九當選後放棄「兩岸共同市場」的提法，提出兩岸要簽訂「綜合性經濟合作協議」（CECA）[14]（簡稱CECA），又被有些人士刻意誤導為CEPA[15]，台灣被貶低為香港第二，馬英九和相關經濟部門隨後又採用新的提法稱之為「兩岸經濟合作框架協議」（EC-FA）[16]。其實，兩岸簽訂的經濟合作協議無論是叫CECA還是ECFA都與WTO原則基本一致，都具有自由貿易區（FTA）的性質、但是帶有兩岸特色。因此，什麼名稱並不重要，重要的是實質內容。

　　2008年12月31日，胡錦濤總書記在紀念《告台灣同胞書》發表30週年座談會上的重要講話，明確提出：兩岸可以簽訂綜合性經濟合作協議，建立具有兩岸特色的經濟合作機制，以最大限度實現優勢互補、互惠互利。而在2010年農曆春節到來之際，胡錦濤總書記又在福建看望台商時說：「現在兩岸正在商談經濟合作框架協議，這是一件促進兩岸經濟合作、實現互利雙贏的好事。在商談過程中，我們會充分考慮台灣同胞特別是台灣農民兄弟的利益，把這件好事辦好。」

　　2009年12月，「兩會」負責人在台中舉行的第四次會談中，同意將兩岸經濟合作框架協議列為第五次「兩會」協商重點推動的議題。此後，「兩會」專家分別於2010年1月26日、3月31日和6月13日，就兩岸經濟合作框架協議舉行了三次工作商談，對協議的名稱、基本結構、建立商談工作機制等問題取得了多項共識。雙方同意，「協議」的基本內容涵蓋兩岸間主要的經濟活動，包括貨物貿易及服務貿易的市場開放、原產地規則、早期收穫計劃、貿易救濟、爭端解決、投資和經濟合作等。2010年6月24日，「兩會」領導人第五次會談預備性磋商在台北舉行，雙方對兩岸經濟合作框架協議文本和附件均達成一致。2010年6月29日，兩會領導人在重慶舉行了第五次會談，並簽署了

兩岸經濟合作框架協議（ECFA）。[17]

背景二：當前區域經濟整合趨勢對台灣不利。

透過圖1、表1、表2可看出全球經濟區域化趨勢加快，大陸正在加速融入區域經濟之中，而台灣則處於邊緣化的態勢。[18]

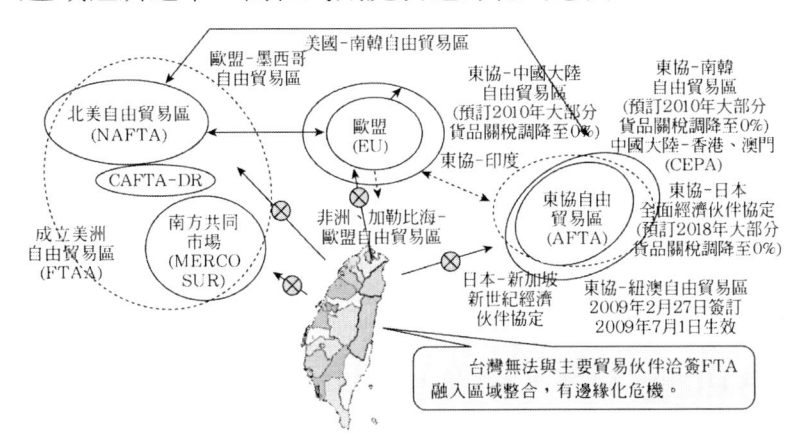

圖1當前區域經濟整合趨勢

表1全球區域性經貿組織

名稱	成立時間	成員數
歐盟(EU)	1953年(1994年由EC更名為EU)	27
北美自由貿易協會(NAFTA)	1994年	3
亞太經濟合作會議組織(AFEC)	1989年	21
東協(ASEAN)	1967年	10
美洲自由貿易區(FIAA)	1994年啟動，原計劃2005年成立	34
南方共同市場(MERCOSUR)	1995年	7
東南非共同市場(COMESA)	1981年(1994年更名COMESA)	20

表2與台灣利益密切的幾個主要貿易夥伴簽訂「合作協議」（**FTA**）的情況

名稱	時間
日本與東盟(EPA)*	2008年12月生效,2018年起有91%的貨物貿易實施零關稅。

續表

名稱	時間
澳洲、紐西蘭與東盟(FTA)	2009年7月生效,2020年起有96%貨品貿易實施零關稅。
韓國與美國	2007年6月簽約(正等待兩國國會通過)。
韓國與印度	2009年8月簽約,2010年初生效。
韓國與歐盟	2009年10月15日草簽,2010年3月正式簽約,並已與智利、新加坡等均簽屬FTA。
韓國與中國大陸已就商簽FTA舉辦了五輪合作研究	
東盟與中國大陸貨品貿易協定(10+1)	2010年1月生效,大部分貨品貿易實施零關稅。
韓國與東盟貨品貿易協定	2007年7月生效,2010年起有90%的貨品貿易實施零關稅。

 *EPA是一種包含全面內容的經濟合作協定,不僅包括貿易自由化,而且還包括通關制度高效化等,涉及貿易通暢化、投資自由化、經濟合作等多方面內容。日本希望透過推動EPA,擴大日本企業的出口和投資機會,同時促進國內的結構改革。

　　由此看來,區域經濟整合化趨勢對台灣參與國際區域經濟競爭呈現的壓力必將日益增加。無疑,兩岸簽訂ECFA必將為台灣對外經濟交往打開方便之門。

　　建立兩岸特色經濟合作機制,是兩岸經濟關係正常化的客觀要求,符合兩岸人民的長遠利益。從完整意義上來看,兩岸特色經濟合

作機制應該包括三個方面的內容,即兩岸經濟關係的正常化、制度化、機制化。兩岸簽訂《經濟合作框架協議》(簡稱ECFA)是兩岸經濟關係正常化之後的必然趨勢。它的意義在於:首先,為來之不易的經濟關係正常化提供制度保障,使兩岸的經濟交流和合作在互利雙贏的前提下,沿著正常、有序、規範、可持續發展的軌道、朝向共同發展的目標運行;其次,簽訂《兩岸經濟合作框架協議》並非因為兩岸都是WTO成員而事出必然,而是為了創造更加有利於兩岸長遠利益的經濟合作環境,幫助台灣經濟更有效地應對區域經濟一體化所帶來的種種壓力,同時,使兩岸有條件探討產業共同發展的願景,深化經濟合作內容,提升合作層次,使兩岸經濟關係更加緊密,達到兩岸人民利益最大化的目的。因此ECFA既符合WTO的原則,又具有兩岸特色;再次,有利於進一步豐富和完善兩岸經濟關係的制度建設,並在已有的基礎上不斷探索合作雙贏的新模式。因此,ECFA是今後兩岸經濟關係制度化的良好開端。機制化應該是有不同層次和功能的機制,包括交流商談機制、溝通協調機制、行政決策機制、相互救助機制、危機處理機制以及相應的評估機制等,目前還只停留在協商機制層面。兩岸協商機制已有相當基礎,即兩岸「兩會」制度,但該制度還比較脆弱,有待於完善、加強和提升。只有各種機制逐步完善地建立起來之後,制度化的效果才能更加彰顯,達到這一步顯然還有不少困難,還需要繼續做出努力。ECFA的簽署標誌著兩岸經濟合作關係進入了新的發展階段,由此開創了兩岸經濟大交流、大合作、大發展的新格局,必將會為兩岸攜手參與新一輪國際競爭提供有力的支撐。

二、兩岸特色經濟合作機制的主要內容和特點

（一）兩岸經濟關係制度化是構建兩岸和平發展框架的重要內容

從內容來看，ECFA是兩岸特色經濟合作機制中最核心的和最重要的組成部分，它是兩岸推進經濟全面深入合作的特殊安排。其「兩岸特色」首先表現在這是兩岸建立在「九二共識」政治基礎之上的成果，它不是國與國之間的經濟合作協議，而是兩岸之間的基於平等互利原則上的培養互信的平台「相互體諒」不「斤斤計較」，所以絕不是利益交換的平台。因此兩岸特色的經濟合作機制在合作的內容、原則、定位、方式、深度、廣度等方面都與一般的經濟合作機制不盡相同，如「協議」中大陸單方面同意台灣農漁產品進入大陸，並有十八種農漁產品列在早期收穫清單中，這些產品的平均稅率按2009年規定達13.3%，而從2011年起，三年內降至零關稅。充分體現了兩岸同胞是「血脈相連的命運共同體」，「中國是兩岸同胞的共同家園」的重要理念。它正是兩岸和平發展框架中最為基本的元素。恰與美國在台灣進口「美牛」一事形成了鮮明的對比。

胡錦濤總書記曾在紀念《告台灣同胞書》發表三十週年的講話中提出了「三個有利於」的戰略思路，即「建立更加緊密的兩岸經濟合作機制進程，有利於台灣經濟提升競爭力和擴大發展空間，有利於兩岸經濟共同發展，有利於探討兩岸經濟共同發展同亞太區域經濟合作機制相銜接的可行途徑」。大陸國務院台辦王毅主任也提出「四個有利於」：「只要有利於兩岸關係和平發展，有利於為兩岸同胞謀福祉，有利於兩岸經濟共同繁榮發展，有利於緩解台灣飽受世界金融風暴衝擊所帶來的暫時的經濟困難，我們都會持積極態度。」可以說，這些論述的精神已在兩岸經濟合作框架協議中反映出來。顯然，ECFA從這個意義上說，與其他FTA的特點有本質不同，所以簽訂ECFA是兩岸經濟關係發展過程中的又一次制度創新。

（二）兩岸特殊關係下的兩岸特色經濟合作機制

2008年以來，兩岸關係發生了重大積極變化，雙方已經逐步形成良性互動態勢，兩岸關係步入和平發展軌道。今後一個時期，兩岸逐步構建起和平發展的新框架，將為兩岸同胞謀福祉，為台海地區謀和平，維護中華民族的整體和長遠利益作出貢獻。

鑒於兩岸的特殊關係，兩岸經濟合作的政策、給予對方的待遇等方面，都具有自身的特色。例如，兩岸間的經濟合作早在1990年代中，台商來大陸投資就開始執行「同等優先、適當放寬」的政策，ECFA的簽署使兩岸特色更加凸顯。今後經過若干年的努力，完全有可能在一定條件下或一定範圍內，彼此將對方的投資視為內資，給予並非WTO意義上的「國民待遇」，實質上是一個國家內部的「居民待遇」，彼此將對方的商品視為內貿品，等等。當然，這些涉及更深層次的對台政策的調整，目前條件並不成熟，但我們認為這是兩岸和平發展逐步推進的必然趨勢。而兩岸透過簽訂ECFA開始走向制度化，將有助於推動這一趨勢的進程，因此兩岸簽訂ECFA成了構建兩岸關係和平發展框架的重要內涵之一。

（三）兩岸經濟合作進程具有跨階段交叉發展的特性

在ECFA的背景下，兩岸經濟合作進程具有跨階段交叉發展的特性。目前，世界區域經濟一體化蔚為風潮，WTO成立以來，區域貿易協定的簽訂數量就已經超過了300多個，大部分簽署的都是自由貿易協定（FTA）。像兩岸之間經濟聯繫這麼緊密的經濟體都早已簽訂了區域貿易協定，因此，建立兩岸經濟合作機制可以充分借鑑已有的經驗，避免走「彎路」。但是，兩岸間由於多年缺乏交流，在貿易、投資以及人員往來等方面還存在諸多不合理的限制，經濟關係並不正常，這些限制嚴重制約了台灣有關產業的發展，尤其是對台灣金融業、其他服務業和農業發展的影響最大。因此，在過去幾年，大陸方面單方面採取了若干有利於台灣農業生產和台灣農民生活的優惠措

施，如增加農產品採購、對部分農產品實施「零關稅」，還有開放會計師、律師、醫師等資格考試，而這些安排一般是在達到「自由貿易區」的階段才會實現。不僅沒有遵循雙方彼此「對等」開放的原則，相反卻考慮到對方的需求不同而採取了相應的措施滿足台灣相關民眾的需求。

這些實例表明，兩岸間的經濟合作機制進程不是完全按照自由貿易區、關稅同盟、共同市場、經濟一體化的慣常順序發展，而會是根據兩岸經濟發展需要的現實情況，按照互惠互利的原則在可以加快合作的方面就加快合作，暫時不能推進合作的方面就予以放緩，從而將出現上述不同階段在不同產業、不同層面的雜糅，形成跨階段交叉發展的狀況。

兩岸之間簽訂經濟合作框架協議，本身就是台灣參與亞太區域經濟合作的組成部分，並「有利於探討兩岸經濟共同發展同亞太區域經濟合作機制相銜接的可行途徑」，因此，大陸並非希望藉此「套死」台灣，並非希望將其作為「引君入甕」的策略；相反，大陸希望在此基礎上，透過有效的合作，在兩岸經濟共同發展的過程中增加互信，為台灣與東盟及其他亞太區域經濟合作機制相銜接做好恰當安排，並進一步為選擇可行途徑和合作方式創造條件，例如近期台灣正在與新加坡等商談FTA就是一個明證。

（四）兩岸經濟合作機制中，有些政策可在特定地區內先行、先試

兩岸間的政治、經濟體制都不同，兩岸人民，特別是在台灣部分民眾中對於經濟合作機制的認知還有較大差異，所以兩岸加強經濟合作的很多做法應該特別慎重。另外，由於大陸地區發展水平不均衡，差異太大。因此，除了有兩岸經濟合作框架協議所一致同意的內容之外，還可以根據需要，選定若干地區對有關政策先行、先試，積累經

驗後再全面、深入地向前推進這是非常必要的。

2009年，大陸國務院批准大陸海峽西岸經濟區（簡稱「海西」地區）作為兩岸先行、先試的區域，這是推動建設具有兩岸特色經濟合作機制的一個戰略構想。隨著「海西」地區的逐步發展，必將對兩岸經濟合作機制更加完善提供十分豐富而有益的經驗，更有利於在兩岸合作中增加互信。

三、以建構兩岸「命運共同體」為戰略定位，全面深化合作關係

胡錦濤總書記在十七大報告中提出：十三億大陸同胞和兩千三百萬台灣同胞是「血脈相連的命運共同體」，「中國是兩岸同胞的共同家園」。兩岸息息相關、一損俱損、一榮俱榮。「兩岸經濟同屬中華民族經濟，大陸經濟搞好了，對台灣有利，台灣經濟搞好了，又對大陸有利」。[19]

顯然，這樣的戰略定位完全不同於現今世界上各種類型的「夥伴關係」。馬英九先生也曾提出，兩岸應「同舟共濟，相互扶持，深化合作，開創未來」。看來，「命運共同體」與「同舟共濟」有異曲同工之妙，這就決定了兩岸的經濟合作所具有的特殊含義，為兩岸人民賦予了振興中華重大歷史使命。

（一）兩岸特色的經濟合作機制，以最大限度實現優勢互補、互惠互利為原則

二十多年來的實踐表明，兩岸經濟合作確實有很大的互補性，而互利是最基本的，但並不表明兩岸經濟合作中不存在競爭，而且有時

競爭還十分激烈。因此，建立兩岸經濟合作機制可以有效地協調競爭和合作的矛盾。胡錦濤總書記關於「三個有利於」的論述，將「有利於台灣經濟提升競爭力和擴大發展空間」放在了首位，這並非偶然。從這種排序中可以看出大陸處理兩岸「競合」關係的原則。這個原則就是在處理兩岸之間利益的時候，若能實現雙方的共同發展，大陸肯定會努力去做；一旦在短期內更有利於台灣民眾，就會因為雙方是「血脈相連的命運共同體」，大陸同樣會全力以赴去做，這個原則正是建立在兩岸「命運共同體」戰略定位的基點之上的。

（二）兩岸經濟合作的廣度和深度要大於一般的經濟合作機制

除了歐盟外，世界各區域經濟合作組織主要是透過政府之間簽訂區域經濟合作協議，降免關稅以及消除貨物、資金、人員流動、服務貿易的障礙等，為成員各方的經濟合作確立制度性規範，並依靠跨國公司的力量，根據市場原則在區域內實現貿易、投資等方面的經濟合作。但是，對於兩岸來說，要提升台灣經濟的競爭力，擴大其發展空間；要促進兩岸經濟共同發展、增進兩岸人民的福祉；要提升整個中華民族的整體利益和長遠利益，僅僅這些方面的合作是遠遠不夠的。兩岸還需要更加緊密合作，共同提高技術的自主創新能力，形成自主品牌，共同開拓國際市場、制定產業的共同標準等，這就在客觀上要求雙方進一步加強產、官、學、研、金全方位的經濟合作關係，並在此基礎上逐步將兩岸經濟關係推向完善的制度化和有效的機制化的新高度。

（三）ECFA繼承和發揚了中華優秀傳統文化

ECFA繼承和發揚了中華優秀傳統文化，為兩岸經濟合作的長遠發展注入了動力和活力。中華文化是中華民族生生不息、團結奮進的不竭動力，是兩岸人民共同的「根」，正如溫家寶總理所說：中華文化「具有強大的震撼力和凝聚力」，兩岸經濟合作是以經濟為主要內

容，但卻是以共同的中華文化為紐帶，緊緊地連接在一起的。平等協商、尊重差別、理解包容和互利互惠是此次ECFA協商過程中貫徹始終的指導思想，對弱勢產業以及中小企業利益的保護都得到了關注和重視。為經濟合作機制不斷注入中華文化因素，形成共同的價值觀，不僅有利於雙方「求同存異」，和「共創雙贏」從長遠看，這會推進「聚同化異」有利於兩岸經濟合作機制的完善，並能成為兩岸經濟合作長遠發展的推動力。

（四）ECFA有利於完善有中國特色的社會主義經濟體系

兩岸間的經濟合作本身是大陸對外開放的組成部分，由於兩岸間經濟合作的特殊性其廣度和深度要大於一般的經濟合作，所以這些合作要落到實處，就可能需要相關的經濟體制改革和政治體制改革措施與之配合，需要將擴大對外開放與深化對內改革相結合。著名經濟學家吳敬璉曾指出：「加快完善社會主義市場經濟體制，其中關鍵的關鍵，是加快政府職能轉變，建立有限和有效的政府。」[20]而政府改革的實質是政府的自我革命，自我革命往往是比較困難的，會受到舊體制內維護既有權力和利益「分利集團」的阻撓。只有當一定的外力出現時，才容易打破「分利集團」的阻撓，推進政府的自我革命。兩岸深層次的經濟合作恰恰是一種重要的外力，有利於推進大陸相關的改革。從這個意義上說，30多年來為了協助台商在大陸發展，為了加預兩岸的經濟合作關係，大陸採取了相關的配套改革措施是大陸中國特色社會主義的組成部分，有利於大陸市場經濟體制和政治體制的進一步改革和完善。

1949年兩岸分離以來，台灣因較早參與世界產業分工，創造了台灣的「經濟奇蹟」。大陸雖曾深受計劃經濟模式的影響，但改革開放以來，同樣創造了連續三十年經濟高速增長的「經濟發展奇蹟」，只要兩岸在經濟合作的過程中，充分利用中華民族的智慧，借鑑兩岸經

濟建設中的經驗、教訓,那麼就有可能開創出兩岸共有的「經濟模式」,這將不僅有利於大陸建設有中國特色社會主義,有利於實現一百多年來無數中華兒女夢寐以求的實現民族繁榮、富強的理想,而且也將是中華民族對世界經濟發展作出的一個巨大貢獻。

四、簽署ECFA是台灣經濟利益「最大化」的根本出路

（一）有利於台灣產業拓展市場,擴大就業

協議簽署為兩岸經濟關係正常化、制度化、機制化提供了重要保障,有助於建立投資雙向化、形態多元化、產業鏈合作化的新模式,有助於兩岸最大限度地實現優勢互補,共同維護和拓展中華民族整體利益。「降低兩岸物流、人流和資金流的成本,讓兩岸同胞享受到更多物美價廉的商品和服務,在大陸台商將獲得更為有利的發展環境,陸資逐漸入島也將為台灣社會創造就業機會」。[21]

台灣「經濟部」曾表示,簽署ECFA總體影響為正。另外,根據台灣「中華經濟研究院」2009年所做的評估,簽署ECFA之後,台灣經濟增長率可望增長1.65%—1.72%,而台灣未來七年內總就業人口可望增加21萬—26萬。ECFA猶如一個籃子,只要對兩岸人民有利的內容都可以往裡裝,裝得越多、越豐盛,兩岸人民得益就越大。這個籃子也可以說是個「保護傘」,可以保護兩岸已經取得的經濟貿易合作成果。而需要進一步合作的內容,只要引入ECFA之中,就有了共同遵守的義務,大大降低了合作的風險,這無疑對兩岸經濟的穩定和發展提供了有力保障。

（二）為保護台商在大陸的利益和進一步擴大台灣的貿易空間創造了條件

僅以與韓國在中國大陸的競爭態勢作一分析，從圖2可看出，韓國商品在中國大陸市場的占有率由1993年的5.2%上升到2008年的9.9%，台灣商品在大陸市場的占有率則由1993年的17.7%下降到2008年的9.12%。雙方的產品同質性較高，競爭性很強，在大陸市場此消彼長已成事實，如今兩岸簽訂ECFA，首先是「早期收穫」會為台灣商品在大陸市場搶得先機，台灣就可趕在韓國之前享受降、免關稅待遇，從而降低了成本，提高了競爭力，就有可能在保持市場份額的基礎上進而擴大市場。而其他商品也同樣受惠於ECFA，逐步享有降、免稅待遇，否則，台灣產品若想在大陸市場上繼續保持競爭力是相當困難的。

圖2台灣和韓國在中國大陸進口市場的占有率比較資料來源：台灣「經濟部」國貿局。

（三）台灣可藉ECFA之力提升自身競爭力

在國際經濟區域化特別是東亞經濟區域化的衝擊下簽署的ECFA，不應該是迫於形勢而採取的消極應對之計，應該是台灣「藉機」、「借力」積極尋找出路、善待自己的良好之策，「撿回」失去的發展機會，重新在區域經濟舞台上嶄露頭角。1993年，台灣經濟部門曾經提出過把台灣打造成「亞太營運中心」的計劃，但由於對大陸不開放「三通」，連兩岸直航和資金正常往來都無法進行，最終「胎死腹

中」。兩岸簽訂ECFA之後，有條件、也有可能推進兩岸貿易更大發展，台灣有關產品不僅能保持在大陸市場的占有率，以便應對東盟10＋1的格局，台灣還可以進一步開拓大陸市場，並可望成為外商進入大陸的優先合作夥伴。而台灣成為跨國企業「全球創新中心」及實行「亞太經貿區域性樞紐」的最佳選擇並非夢想。據瞭解，目前日本、加拿大等一些大型企業紛紛探討在台灣投資設廠或建立研發中心的可能性。其目的，是想利用台灣企業在大陸的人脈關係，與台灣廠商合作，藉助其在大陸的影響力，共同謀利。尤其在兩岸實現「三通」以後，台灣至大陸諸多城市一小時經濟圈的形成，來往既快捷又便利。試想，任何一家跨國企業在台灣設立運營總部，一方面能指揮企業運營，另一方面又能研究大陸經濟，尋求更大商機，兩全其美，豈不是上上之策。同時由於簽署ECFA之後，台灣經濟「借船出海」的機會到了，台灣的對外經貿關係會更加活絡，有了與國際市場更多的交流機會，台灣完全有可能成為連接東南亞等地的樞紐中心。

國家「十二五」規劃【全名為「國民經濟和社會發展第十二個五年規劃」（2011年—2015年）】的商機與兩岸和平發展環境相伴而生。

1.兩岸和平發展的良好勢頭，大陸為台灣經濟發展創造和提供了無限商機。

早在1990年，國家第八個五年計劃到2006年第十一個五年規劃，這15年間正是大陸經濟高速發展的重要歷史時期，商機無處不在，只是由於眾所周知的原因，台灣無法瞭解，更被限制參與，而大量寶貴商機被外商搶先占據了，製造業比服務業受到影響少一些，受損最為嚴重的是金融業。今天情況不同了，兩岸進入和平發展新時期，不僅有條件來共同探討大陸新一輪五年規劃為台灣民眾帶來的機會，而且有可能取得大陸方面最有效的幫助和支持，使商機不僅看得見、摸得

著，還可以咬得動、吃得進。

2.ECFA新時期為兩岸和平發展增添了新動力。

2010年，兩岸在協商簽訂ECFA的同時，多種有利因素已經促成了兩岸貿易額的急劇上升，可以說在事實上ECFA效應已經呈現。2010年，兩岸貿易達1453.7億美元，比2009年的1062.3億美元增長36.8%，台灣從對大陸貿易中獲得了860.1億美元的順差，據測算，僅此一項占台灣GDP19.37%，可為台灣增加53.75萬人就業。

大陸實行的是「中國特色社會主義」，走的是具有「中國特色的市場經濟」道路，「規劃」就是奮鬥目標，還要具體化為「計劃」。ECFA在大陸方面已寫進「十二五」規劃，這是兩岸經濟關係進入制度化的重要標誌，進入了相互日益緊密合作的階段。隨著貨物貿易關稅互減互免，以及各項服務貿易開放，產業合作深化，投資保障等協議相繼簽訂，「十二五」規劃將帶給台灣的不僅是單純的商機，而是在兩岸原有「結合」基礎上新的騰飛。

國家「十二五」規劃中，把發展戰略性新興產業列為重中之重，相應的政策鼓勵必然會迅速到位，這是台商切入「十二五」規劃的又一個重要的思考方向。大陸提出「七大戰略性新興產業」[22]，具有技術知識密集，既節能又環保，發展前景寬廣和綜合效益好的特點。例如，節能環保到2020年將成為大陸國民經濟的支柱產業，這是適應全球氣候變化和產業綠化的重大戰略舉措，在「十二五」期間，大陸環保投資將達3.1萬億元人民幣，比「十一五」期間的投入增長121%。兩岸「優勢互補、互利雙贏」是永遠的主題，台灣產業的優勢總體上說是規模小、產業精、適應性強、機制靈活，而大陸的優勢在於規模大、品種全、成本低、系統整合功能強。大陸根本無意要透過合作來占領台灣的市場，而是希望共同成長後走向世界，造福兩岸人民。因此，在今後的合作中企業除了要衡量自身的優劣勢，更要統籌考慮，

並充分利用兩岸的資源，著力完善產業鏈、調整供應鏈、提升價值鏈，由此在兩岸做好合理的布局，以實現共同增強競爭力的戰略目標。[23]

（四）兩岸簽署ECFA在島內引起的爭論

兩岸簽署ECFA前後在島內引起了許多爭論。爭論的焦點主要集中在以下幾個方面：一是台灣對大陸貿易依存度太高易被大陸「控制」，甚至喪失「事實上的主權」；二是ECFA對台灣大企業有利，對中小企業和勞工造成嚴重衝擊；三是台灣不能開放太多，否則台灣要被大陸「吃掉」。

對於以上幾點疑慮我們想在下面作一點說明：

其一，關於台灣對大陸貿易依存度太高，所謂喪失「事實上的主權」一說。

隨著中國大陸經濟迅速崛起，世界上不少國家和地區與中國大陸的經貿關係日益密切是不爭的事實，讓我們看一下表3、4、5中中國大陸與韓國、日本以及台灣的貿易變化情況。

表3 台灣對大陸貿易依存度和進口市場占有率

	2002	2003	2004	2005	2006	2007	2008
台灣對大陸貿易依存度	19%	20%	22%	23%	25%	26%	26.1%
台灣對大陸出口占大陸進口總額比重	13%	12%	12%	11%	11%	11%	9%

資料來源：台灣「經濟部」數據，作者計算得到。

表4 韓國對中國大陸貿易依存度

	2002	2003	2004	2005	2006	2007	2008
韓國對中國大陸貿易依存度	—	—	24.5%	27.0%	27.9%	27.9%	26.6%
韓國對中國大陸出口占中國大陸進口總額比重	9.7%	10.4%	11.1%	11.6%	11.3%	10.9%	9.9%

資料來源：分別來自WTO組織公布和大陸統計局公布數據，作者計算得到。

表5 日本對中國大陸貿易依存度

	2002	2003	2004	2005	2006	2007	2008
日本對中國大陸貿易依存度	—	—	16.7%	16.9%	17.9%	18.8%	19.3%
日本對中國大陸出口占中國大陸進口總額比重	18.1%	18.0%	16.8%	15.2%	14.6%	14.0%	13.3%

資料來源：分別來自WTO組織公布和中國大陸統計局公布數據，作者計算得到。

從表3、4、5可得出如下結論：

（1）雖然台灣對大陸的出口依存度在上升，由2002年的19%上升到2008年的26.1%，但在大陸進口市場的比重卻在下降，2008年的9.13%比2003年的12.9%下滑了近4個百分點。這表明，台灣在大陸市場的占有率在下降，台灣總出口量增長緩慢，這是台灣出口乏力而導致下降的警訊，而簽署ECFA恰恰對提升台灣的總體出口能力有很大幫助。所以應該警覺的，倒不是台灣對大陸出口依存度有多高，而是台灣在大陸市場的占有率迅速下滑的問題。自2005年以來，台灣在大陸進口市場占有率由排名第二落至第四，同時呼應了台灣在全球出口排名五年內由第十五滑落至第十八的狀況，這說明台灣出口競爭力在下降是關係到台灣能否融入全球新競爭體系的重大問題，值得思考。

（2）韓國對中國大陸的出口依存度在上升，且進口比重雖然有波動，但總體上是上升趨勢，說明韓國的總出口量與在中國大陸進口市場中所占的比例中基本上是同步增長的。

（3）日本對中國大陸的出口依存度在上升，其他與台灣情況相似。

以上數據表明，與台灣利害關係密切的日本和韓國對中國大陸出口依存度都在上升，看來這是一種趨勢，並非台灣一家所特有。

（4）事實說明：市場的力量是不可抗拒的，台灣要減少對大陸的依存度，只有增加總的出口。如果不簽署ECFA，台灣不僅保不住在大陸原有的市場份額，更談不上擴大出口，這是一個簡單易懂的道理。

（5）韓國和日本對中國大陸的貿易依存度都在增加，但並不存在所謂誰「控制」誰的問題，相反，他們還希望要加快與中國大陸建立更緊密的經濟合作關係包括商簽（FTA），這說明中國大陸經濟的快速增長為他們提供了更大的發展空間，他們卻在不斷的爭取機會。

（6）依存歷來都是雙向的、相互的。進入大陸的台灣商品，大多是台灣方面為大陸台資企業提供的原材料、中間產品和零部件，還有生產用的機器設備等，大都不是終端產品，應該說，只是台灣產業內的供應關係。這些從台灣進口來的商品，又在大陸組裝成終端產品行銷全球，這豈不是透過台商既拉動了台灣的出口，又拉動了大陸的出口，表明台商為兩岸經濟發展都作出了貢獻，所以從某種意義上說，大陸經濟對台灣的依存度也是很強的，但大陸並非認為由此而被台灣「控制」了。事實上，兩岸經濟合作給雙方帶來了互補互利、雙贏的結果。

我們認為，所謂喪失「事實上主權」的說法就是走「回頭路」的心態反映。古云「以小事大，智」，兩岸相比，「大陸大，台灣小」，兩岸相處，台灣靠的是「智」，智乃心明眼亮也，就是要充分利用大陸的優勢。目前，中國大陸綜合經濟實力快速增強，消費能力、外匯儲備、進出口貿易快速成長，中產階層正在逐步形成。瞭解這個大趨勢，有利於看清ECFA對台灣經濟產生的深遠戰略意義。1993

年，中國大陸的GDP只有35334億人民幣、外匯儲備211.99億美元、進出口額1957.0億美元。2008年，中國大陸的GDP達4.32兆美元（約30兆人民幣），是1993年的8倍多，接近日本（4.92兆美元）；外匯儲備約兩兆美元，是1993年的10倍，居世界之首。中國大陸內需市場從2002年的42127.1億人民幣增加到2008年的108487.7億人民幣，是1993年的2.6倍；2008年總進口11330億美元，占世界商品貿易總值的6.9%。

大陸經濟快速發展對台灣經濟的影響主要表現在兩方面：一方面，滿足國際市場的需要，成長了一大批台灣出口大企業，使台灣外匯持續增加，拉動了台灣的GDP增長；另一方面，內需不斷擴大，造就了一大批以內銷為主的台灣大企業。中國大陸既是「世界工廠」又是「世界市場」，誰也不願意放棄市場這個「大餅」。兩岸ECFA的簽訂，正是為台灣經濟開闢了新路。

其二：關於「所謂ECFA只對大企業有利，對中小企業和勞工照顧不夠」一說。這種說法有兩種可能性，一是心存敵意而持此觀點，對此我們不做評論；二是不瞭解全面情況而產生誤解，對此應作些分析。首先，據台灣「中研院」測算，兩岸簽訂ECFA之後，勞工可增加26萬人左右[24]，這是直接的效果。大企業利益得到進一步發展的機會，但也是需要人工去做出來的，兩者不能對立起來，而且企業具有社會性，大企業有更多的社會責任。一般來說，大企業是上市公司，企業興旺帶給股市利多，對全民有利，而企業增加出口可以帶動服務業等等。ECFA簽署之後，對於部分可能要受到衝擊的中小企業，一方面採取必要的措施，加以輔導實現企業轉型升級；另一方面，對暫時失業的工人要加以適當的補助和培訓，提升員工素質，為再就業創造條件。值得注意的是，隨著產業結構不斷調整而引起的失業屬於結構性失業，它與總體需求不足造成的失業是不相同的。

其三：台灣市場不能開放太大，否則台灣要被大陸「吃掉」。持

此觀點的人士認為：一旦開放市場後台灣產品會受到擠壓，尤其是餐飲業。因為歐美國家與大陸因文化不同則不會占領台灣市場。

其實台灣許多產業在大陸市場占有較大份額。就食品和餐飲業來說，台灣的市場競爭力遠遠強於大陸。統一、康師傅、旺旺、大成、龍鳳、元祖、永和豆漿、鼎泰豐等食品企業在大陸幾乎無人不曉。2009年泡麵在大陸市場占有率僅「康師傅」一家就占了54%，茶飲料約占48%。

大陸人口是台灣人口的六十倍，大陸從來就沒有把占領台灣市場看成是主要目標，從兩岸產品的競爭力和互補性來看，大陸也不可能完全占領台灣市場。

ECFA是在WTO原則之下的一個國家內部兩個地區間的經濟合作，為了讓合作環境儘量寬鬆，大陸方面期待台灣能首先按照WTO的精神實現兩岸經貿合作的完全正常化。目前，台灣方面出於種種顧慮，設置了關稅以外的貿易和投資限制，禁止與大陸貿易的農工產品還有2000多項，對此，相當多的大陸同胞有一種「被歧視」的感覺。這樣一來，在客觀上，無法讓大陸向人民說清楚「為什麼在兩岸開放度很不對稱的情況下，單方面做出太多讓步」。其實，即使台灣完全取消對大陸產品的限制，大陸也會充分考慮到台灣在農產品、勞務輸出等敏感問題上的市場容量和民眾承受能力，相信會作出非常妥善的處理，大陸也絕不會為了一己之利而做出傷害台灣人民的事。究竟怎麼操作對台灣更有利，有待台灣和各方面有識之士慎重考慮。

綜上所述，台灣要用全球戰略的眼光，要有宏觀的思維，把發展戰略目標定位為發揮台灣的優勢，做好全球布局，努力成為世界強者。若要捕捉機遇，那就可將大陸作為台階，把走向大陸作為走向世界市場的第一步。

第五章　兩岸經濟關係發展中的力量分析

通常把兩岸經濟關係形成和發展的過程簡單地概括為「兩岸經濟關係是在複雜的環境下曲折地發展起來的」。經過20多年的實踐。回過頭來看一下，「複雜環境」和「曲折發展」的內涵可以用幾種力量之間的「博弈」和「消長」來作解釋，這有利於大家更清晰地看出兩岸經濟關係發展歷程是在諸多因素的作用下形成的，這也回應了為什麼兩岸經濟關係正常化、制度化都帶有與眾不同的「兩岸特色」。相信這對於繼續推動兩岸經濟關係在和平發展新形勢下開創新局面會有些啟發和幫助。

一、動力

一般來說，投資按照動機可以分成兩大類，其一是「垂直投資」，即根據不同稟賦的經濟要素（土地、勞動力、資本、科技等），降低成本為主要目的；其二為「水平投資」，即以擴大或尋找新市場為主要目的的投資活動。毫無疑問，台灣投資者也主要出於以上兩種動機形成了投資的最原始驅動力。眾所周知，1980年代，台灣

外向型經濟發展迅速,與韓國、新加坡、香港並列為「亞洲四小龍」。但隨著新台幣快速升值,勞力不足和工資上升,出口競爭力遭到威脅。恰在此時,台灣開放探親而引發了向大陸投資的熱潮,儘管台灣民眾對大陸並不十分瞭解,但土地、勞力便宜的消息不脛而走,以外銷為主的台灣中小企業逐漸將企業搬到大陸,並成為不可阻擋之勢。1989年前後,台資企業以傳統產品為主,產品的技術層次較低、資金並不密集,投資項目的平均規模只有70萬美元左右,但是他們在大陸改革開放30多年的自我奮鬥中有些不乏成長為大企業。1992年開始到1997年,以擴大大陸市場為主要目標的台灣大企業開始到大陸投資,投資的產業雖然以傳統的食品、水泥等為主,但使整體投資項目平均規模躍升到100萬美元以上,從投資規模和影響力來看,逐漸超越中小企業而成為主力。因此,整體來說,台商隊伍開始形成了以中小企業為基本力量、大企業為骨幹力量的「大陸利益群體」。其實「大陸利益群體」是相對於在島內尚未到大陸的企業而言的。來大陸的台商都受益於在大陸的經濟活動,同時他們在大陸的經濟活動對其在台灣的經濟活動中也產生了多方面的而且是越來越大的積極影響。一個直接的效果是目前在台灣股票市場上台灣民眾普遍關注和看好「大陸概念股」[25],因為大企業大多是台灣的上市或上櫃公司,他們在大陸投資所獲得的利潤成為提升台灣股市的重要因素,這是「大陸利益群體」對台灣民眾利益的直接回報。台商投資動機不管屬於什麼類型,也不管是大企業或中小企業,本質上都是在市場力量的推動下產生的投資行為,可以稱其為兩岸經濟關係中的「動力」。

　　這股動力是形成和發展兩岸經濟關係的基本力量。早期由於兩岸關係中政治、經濟、社會等不確定性因素太多,而且兩岸因長期阻隔,相互瞭解非常不夠,可能出現的各種風險比較大。所以台灣中小企業成了先行者,他們為了開創企業的「第二春」,利用市場主要在海外的有利條件,在大陸只需要一塊地蓋上廠房,把台灣的設備搬過

來，就可以生產了，與大陸的關係比較單純，所以在一開始抱著試試看的態度，毅然跨過海峽來到大陸投資，但在「試水」成功後，一傳十、十傳百，形成螞蟻雄兵之勢。但是，大企業則不然，雖然大陸的比較優勢日漸凸顯，但持觀望態度者居多，不敢貿然前來。同時，台灣對大企業到大陸投資受到的限制遠比中小企業嚴厲得多，到大陸投資還會冒一定的政治風險，許多台商只能將投資規模以大化小來矇混台灣。同時，大陸在當時引導外商投資的政策導向主要是鼓勵所謂的「兩頭在外」，每個投資項目都必須首先做到外匯自身平衡，而台灣大企業投資主要目標為大陸市場，包括兩個方向：其一直接面向大陸消費群，其二直接向已在大陸投資的下游台資企業供應在台灣生產的原材料或零部件。因此，投資項目通過大陸有關部門審批這一「關」比較困難，這種尷尬局面正像一位大企業負責人所說，「我們偷著跳下台灣海峽，等游到大陸，卻又很難上岸，豈非只有淹死」，這段話道出了當時大企業家急於要突破障礙進入大陸的迫切心情。由此可見，大企業是在中小企業得利之後受到鼓舞，被他們「拖」進來的。

　　大企業的進入也大大促進了產業鏈的形成，產品上下游供應關係更加緊密，產業競爭力得到明顯提升，從而使兩岸經濟關係發展的動力不斷增強。隨著時間的推移，台資中小企業在大陸產生了分化，不少企業做大做強，甚至發展成超大型企業，例如富士康、頂新、旺旺、捷安特等，他們的成功主要得益於大陸市場不斷擴大、產品更新快、品質好、經營模式不斷創新，或實現轉型升級成功等等，也有一部分中小企業因技術落後或經營不善被淘汰出局。作為動力組成範圍內的大、中、小台資企業之間並非一成不變，這就好像能量可以轉化和傳遞一樣，而是此消彼長的，但台資企業總體卻是越來越壯大，就像能量是不滅的道理一樣。這種現象告訴我們，只要台資企業總體上在大陸取得成功並不斷發展，則兩岸經濟關係的動力就不會消失而會永遠保持活力。由此也可以得出結論，大陸應當千方百計支持辦好已

有台資企業，這就等於是保持了兩岸關係和平發展的基本動力。所以台資企業隨著形勢的發展不斷增強競爭力，對於保持兩岸關係長遠穩定的和平發展具有重大的戰略意義。

二、阻力

台商投資大陸在一開始就受到了台灣的阻撓，從最初的嚴格「禁止」到「間接、單向」開放，之後祭出了「戒急用忍」政策，後又調整為「有效管理」，堅持「投資上限」的限制，對投資項目由「正面列表」到「負面列表」，堅持不完全開放等。1990年代中期為了降低台商投資大陸的熱情，台灣特別制定了優惠的「南向政策」，鼓勵和引導台商到東南亞各國去投資，致使台商投資大陸受到干擾和制約，在資金流通、技術合作、人員往來、貨物運輸和服務貿易方方面面都受到影響。台灣製造的不利環境使台商在大陸與外資相比，在資金等諸多方面存在著嚴重的「先天不足」，更嚴重的是由於「阻力」太大而迫使企業不敢到大陸投資，錯失機會、競爭力減弱，給台灣總體經濟發展帶來了負面影響。

當然，任何一個經濟體，為了保護自己的產業，維護自身的經濟利益，對外採取必要的防範措施是完全正常的和必要的。但是在兩岸經濟關係中台灣的限制政策明顯有違常規，是將經濟問題過度政治化的一種自我設限，傷害到了台灣自身利益，也使兩岸經濟關係被嚴重扭曲。1990年代初，台灣經濟部門曾提出把台灣建設成「亞太運營中心」的戰略設想最終落於流產就是「搬起石頭砸自己腳」的直接後果，我們把這種干擾稱之為兩岸經濟關係中的阻力。

阻力和動力也有互動，更多的是博弈，在形式和力度上也時有「彈性」，這反映在兩岸經濟關係宏觀層面上，政治考量成為主要因素，就是「政冷經熱」現象，這是阻力的特點。例如，對台貿易，由1991年的58億美元增加到1992年的72億美元，又猛增到1993年的143.95億美元；吸引台資，從1991年的17.4億美元增加到1992年的64.3億美元，又猛增到1993年的109.5億美元，增長率分別達到270%和72.3%，這種狂飆式增長極大地震驚了台灣。1994年初，李登輝利用千島湖事件大肆攻擊大陸，並實施「南向政策」煽動台商「南向」投資，且宣布取消兩岸所有的農業交流活動和合作項目等，1996年6月之前的半年時間裡，大陸國務院陸續批准了10多個重大台商投資案，投資額高達30多億美元，涉及電力、水泥、化纖、玻璃、PTA、顯示器以及汽車等。對此，李登輝親自上陣，於1996年9月，利用「工業總會」舉辦「經營者大會」之機宣布了「戒急用忍」的大陸政策，台商投資熱潮又一次被打壓下去，1997年的台商大陸投資額比1996年下降了45.3%。

　　2004年，為了選舉獲勝，台灣在民眾的強烈要求下，一反常態地同意2005年開放兩岸春節包機直航，但2006年就中斷了。又如，2001年台灣將「戒急用忍」政策改為「積極開放，有效管理」，也是兌現其2000年大選的承諾，2007年卻又改為「積極管理，有效開放」，這其中皆可找到兩種力量博弈的痕跡和因素。

三、吸力

　　無論是為了降低成本或為了開拓市場，為什麼大陸都成為台商投資的首選地呢？因為兩岸是同文同種、地緣相近的同胞，特別是大陸

的資源稟賦具有很大的比較優勢，無論對哪種投資動機都會給企業帶來不同程度的好處，構成了通常所說的大陸對台商有很大的吸力。再仔細分析一下，首先是資源性優勢，主要是指人力資源優質而價廉、土地資源豐富而便宜，加上語言相通、文化相同，溝通及管理方便。1990年代初，大陸的勞力成本約為人民幣300—400元／月，只有台灣的10%左右，而土地成本約為人民幣5000—10000元左右／畝，且還有很多台灣所沒有的工農業生產原料等著台商去開發利用，這也是吸力的一個重要方面。但是，隨著大陸經濟的快速崛起，人力和土地資源逐漸由富裕變為緊缺，特別是人工成本，已比1990年代平均高出五倍左右，因此不斷上漲的人力成本和日漸緊缺的人力來源以及更加嚴格的勞動保障制度，使台資企業在人力資源方面受到的壓力與日俱增。土地價格更是一路飆升，供給也受到制約，已經造成了不利影響，低成本的比較優勢所產生的吸力正在迅速減退之中。

四、引力

對外開放是中國的基本國策，吸引外資發展經濟是堅持改革開放的重要方面。為鼓勵台商來大陸投資，面對台灣的阻力帶給台商的負面影響，大陸在市場准入等方面對台資採取了「同等優先，適當放寬」的照顧，《中華人民共和國台灣同胞投資保護法》的頒布使台商的合法權益得到基本保障。為幫助台商解決建設資金問題，大陸實施了一系列政策措施，1980年代末開始設立了台資企業基本建設專項配套資金制度，有選擇地對台資企業進行扶持。進入新世紀後，國家開發銀行又為台資企業設立了專項貸款，1994年和1996年經大陸國務院批准還在大陸設立了兩家台資銀行（協和銀行、華一銀行）等。以上

舉措，在一定程度上緩解了台資企業的融資困難。從中央到地方無論是市場層面還是法制層面都高度重視扶持台資企業的發展，有效降低了台資企業的投資風險和成本，客觀上減弱了因阻力所帶來的不利影響，這些都是增強台商投資信心的重要因素，對鼓勵台資企業的積極性發揮了重要作用，成為台資企業快速成長的政策引力，同時，大陸龐大、廣闊的市場無論是現實的，還是潛在的，都隨著大陸綜合經濟實力的迅速提升而對台商有著越來越大的誘惑，成為最具決定意義的引力。因此，雖然目前正朝向對台商特殊優惠政策逐漸減少的趨勢變化，但是大陸市場經濟的制度和環境在不斷完善，隨著兩岸簽署ECFA之後，兩岸之間有了一個更加開放、公平的市場環境，兩岸的經濟利益更加休戚相關。特別是大陸市場日益成熟和興旺，台商在大陸的經營有了更多且更加平等參與的機會，這同樣有利於進一步增強台商的投資信心。這表明引力的內涵在逐漸深化，大陸市場所迸發出來的獨特魅力，終將對台資企業形成新的強大引力。有人甚至稱之為大陸產生的「磁吸效應」，引力與吸力這兩種力量統稱為兩岸經濟關係中的吸引力。

上述四種力量的相互作用和角力，從台商投資「質」的不斷提高和「量」的不斷增加來看，「動力」越來越強。

五、助力

2000年之後，在兩岸經濟關係發展上出現了一個新的積極因素，即兩岸先後加入了WTO組織。[26]這對台灣的大陸經濟政策提出了嚴峻的挑戰，不得不相應地作出調整和適度開放。台灣首要考慮的是不能因大陸政策而影響其「入世」申請，因此作出了一些姿態，首先決定

對大陸不採用「排除條款」（GATT第35條與WTO協定第13條之規定），也在實際推行中調整了「戒急用忍」政策，在「根留台灣」的原則下作了一定程度的開放，但還保留了相當的限制。台灣至今仍禁止2000多項大陸農工商品禁止進入島內。[27]由於大陸是以主權國家名義而台灣是以「台灣、澎湖、金門、馬祖單獨關稅區」加入WTO組織，「入世」之後的兩岸經濟關係增加了一層同是一個國家內部的兩個WTO成員之間的特殊經濟關係，兩岸不等同於一般WTO成員的關係，因此不將經貿方面的爭端主動拿到WTO去解決，而是希望透過兩岸協商和調整得到妥善解決。

此外，台灣經濟需要廣泛、平等地和國際經濟打交道，而WTO的原則是鼓勵貿易自由化，成員之間相互開放實現公平交易，這對台灣經濟是十分有利的，所以大陸支持台灣加入WTO。但台灣參加WTO的目的顯然不僅僅在於此，因為WTO成員資格對台灣來說非常重要，有了這個資格，就有了一個要求與外國簽訂自由貿易協定（FTA）的「合理」說明，更是我們要防止發生的「外交事件」，因為這與台灣的身分不符，因此在客觀上卻成了兩岸在政治關係上的複雜因素。同時，由於兩岸都是WTO成員，在兩岸建立經濟關係制度化的進程中，確也增加了一個可共同遵照的基本原則，這對兩岸經濟關係正常化也是一個有利的因素，此次簽訂兩岸經濟合作框架協議就是一例。綜合來看，WTO對兩岸經濟關係的發展雖有正面作用，但至少近期來看還是有限的，所以只能將WTO的影響力稱為兩岸經濟關係中的助力。

從全局來看，兩岸關係所增加的某些不確定性因素，隨著當今經濟全球化進程加快，成為大陸必須要認真面對和慎重處理的問題。

六、推力

2008年5月，兩岸關係發生了積極有利的變化。在「九二共識」的基礎上，在「建立互信，擱置爭議，求同存異，共創雙贏」的原則指引下，本著「先易後難，先經後政」的工作思路，「兩會」開始了實質性協商對話，基本上實現了直接雙向「三通」，並開始了陸資入島的現實，兩岸經濟關係走向了正常化。在2009年發生的國際金融危機中，兩岸攜手共克時艱，為兩岸經濟的緊密合作和共同發展創造了不少新經驗，兩岸推進經濟關係制度化、機制化的要求日益迫切。兩岸經濟合作框架協議的簽訂從制度上提供了兩岸資金、人員、商品和服務貿易的自由流通以及投資便利化的基本保障。儘管台灣仍然「留了一手」，不願意完全開放，但畢竟是在對大陸開放的道路上邁出了最重要的一大步，台灣曾扮演的阻力角色正在發生重大變化。ECFA的簽訂對兩岸經濟關係的發展無疑是增加了一股強大的「推力」，也可以說是對「阻力」的挫敗。從此兩岸經濟關係進入了新的歷史時期。所謂「新時期」就是指是具有「兩岸特色」的ECFA推動兩岸走向經濟合作更加緊密的新階段。

在兩岸隔絕幾十年後，經過了30年來多種力量較量（見圖1），兩岸人民充分發揮了智慧，終於走到了這一步，實屬不易。這個推力的背後反映了兩個趨勢，其一是經濟全球化浪潮的趨勢不可阻擋，兩岸只是「滄海一粟」，誰想迴避就會被動挨打，誰想抵制就會被這股浪潮所拋棄。只有緊跟才能取得主動，並可獲得發展機會。2008年5月之後，台灣採取了積極發展兩岸經濟關係的方針，在與大陸經濟合作上採取了較為主動的作為，阻力開始向推力轉化。儘管尚未完全轉化，但方向基本正確。在這股推力作用下，具有兩岸特色的經濟合作機制才會逐步建立起來，兩岸共同市場的前景也有了可能。其二是台商將成為大陸內需市場的一個積極參與者和強力競爭者，這一趨勢不可忽視。當今，全球經濟是在復甦，但歐債危機等不確定因素仍然很多，經濟前景不太明朗，雖然大陸與台灣不同，地區經濟發展水平差異很

大,同時正處於快速轉型之中,社會上各種矛盾的解決和制度的完善有個過程,但是對台灣經濟來說在大陸的機會確實太多了。宏碁創辦人施振榮先生說:「由於台灣人喜歡『俗擱大碗』的消費心態,所培養出來的服務業的經營『know-how』最適合開發中國家。」他說:「中國大陸、印度、東南亞等新興市場,台灣的經驗比美國和日本經驗有效。」台灣85℃創辦人吳政學深諳此道,花了兩年時間就在大陸取得了成功。[28]

因此,在ECFA推力的作用下,台商只要認真探索大陸市場規律,掌握大陸各類、各級市場的特點,憑藉他們在大陸打拚積累的經驗和優勢,全力參與大陸內需市場的競爭,完全有可能占有大陸市場的較大份額。這一趨勢也將會對大陸的經濟轉型和市場繁榮造成正面的促進作用,並將進一步證明兩岸經濟關係中,政治的干預只是一時一事,只能在短暫的時期內造成甚至是十分可怕的負面影響,但是,最終前途從根本上說還是完全取決於企業本身,因為這是市場規律。企業是兩岸經濟關係的主體和核心。大中小企業由於分工不同,定位也有所區別,但是他們在不同層面都扮演著重要的角色。整體來說,企業在兩岸經濟發展過程中起著關鍵的作用。

兩岸經濟關係發展中的力量分析

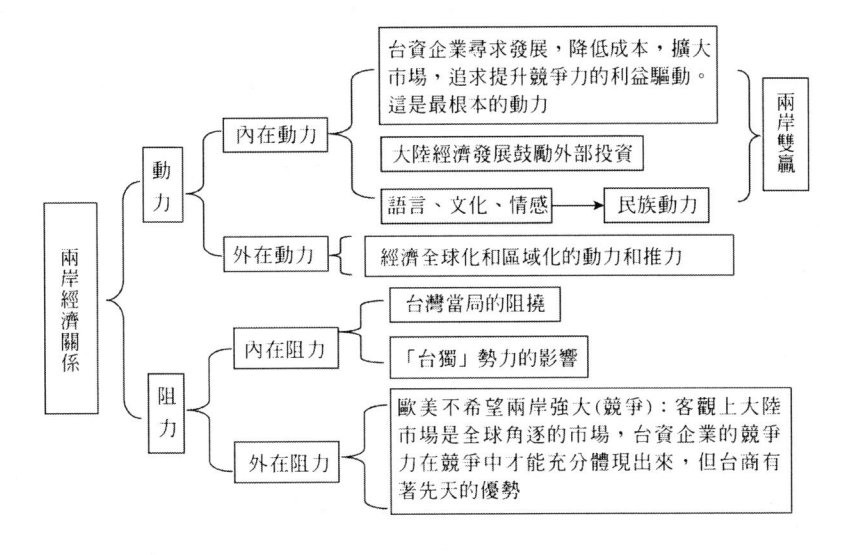

```
                    ┌─ 內在動力 ─┬─ 台資企業尋求發展，降低成本，擴大 ─┐
                    │           │   市場，追求提升競爭力的利益驅動。  │
              ┌ 動力┤           │   這是最根本的動力                  ├ 兩岸
              │     │           ├─ 大陸經濟發展鼓勵外部投資            │ 雙贏
              │     │           └─ 語言、文化、情感 → 民族動力        ┘
兩岸經濟關係 ─┤     └─ 外在動力 ── 經濟全球化和區域化的動力和推力
              │
              │     ┌─ 內在阻力 ┬─ 台灣當局的阻撓
              └ 阻力┤           └─「台獨」勢力的影響
                    └─ 外在阻力 ── 歐美不希望兩岸強大(競爭)：客觀上大陸
                                   市場是全球角逐的市場，台資企業的競爭
                                   力在競爭中才能充分體現出來，但台商有
                                   著先天的優勢
```

圖1兩岸關係發展中各種作用力量說明圖

第六章　兩岸經濟關係中的「依存」和「相互依存」

一、兩岸經濟關係由「單向依存」到「相互依存」

（一）台商投資大陸帶動下兩岸經濟依存關係的形成

台灣經濟經歷了1980年代的成功轉型成為亞洲「四小龍」之首，但是對於以外需市場為主的台灣經濟來說，長遠的出路究竟在何方？當時有部分企業在向東南亞地區外移設廠，但當地的投資環境不盡人意，難以立腳。正在此時，台灣宣布開放台胞赴大陸探親，隨著探親大潮湧向大陸，大陸給隔絕長達四十年的台灣民眾帶來的驚喜猶如陶淵明遇到「世外桃源」一般。對於眾多台商來說，再拚搏、再發展的希望之窗已經向他們開啟。所以，隨之而來便掀起了投資熱浪。

台商投資的初級階段，是台灣經濟依賴大陸的重要開端。1989～1993年四年間，投資企業達到27029家，台商合約投資金額達到236.2億美元。這期間，多數為中小企業，以勞動密集型的傳統企業為主。產品有：鞋子、雨傘、自行車、家具、瓷磚、聖誕禮品、小家電、服裝、食品等。他們將在台灣的生產基地搬到了大陸，原材料仍來自台灣，經銷渠道照舊，產品繼續向海外的客戶供貨，除了生產廠址轉移之外，其他一切似乎並未有多大改變。這階段雖然是台灣產業向大陸

的簡單延伸,卻有一批面向大陸市場的民生性傳統企業,抓住了大陸經濟迅速發展的有利時機,在開拓大陸市場的過程中脫穎而出,從此打下了良好基礎。在台商投資的帶動下,兩岸貿易迅速增加,呈現出典型的投資拉動型特點。1993年,兩岸貿易中,台灣對大陸貿易順差首次超過了100億美元。進入21世紀的2000年,順差繼續增加突破200億美元,之後從2002年到2007年的6年間,每年順差均遞增100億美元,如此巨大的貿易順差在台灣經濟成長中大陸因素凸顯,且台灣經濟對大陸的依存關係也逐漸顯現。(見表1)

表1兩岸進出口貿易統計(**1993—2010年11月**)

年份	貿易總額 (億美元) 金額	貿易總額 同比%	大陸對台灣出口額 (億美元) 金額	大陸對台灣出口額 同比%	大陸自台灣進口額 (億美元) 金額	大陸自台灣進口額 同比%	貿易順差 (億美元)
1993年	144	94.3	14.6	30.5	129.3	105.6	-114.7
1994年	163.2	13.4	22.4	53.2	140.8	8.9	-118.4
1995年	178.8	9.5	31	38.4	147.8	5	-116.8
1996年	189.8	6.1	28	-9.6	161.8	9.5	-133.8
1997年	198.4	4.5	34	21.2	164.4	1.6	-130.5
1998年	205	3.3	38.7	13.9	166.3	1.1	-127.6
1999年	234.8	14.5	39.5	2.1	195.3	17.4	-155.8
2000年	305.3	30.1	50.4	27.6	273.4	7.2	-204.5

續表

年份	貿易總額(億美元) 金額	貿易總額(億美元) 同比%	大陸對台灣出口額(億美元) 金額	大陸對台灣出口額(億美元) 同比%	大陸自台灣進口額(億美元) 金額	大陸自台灣進口額(億美元) 同比%	貿易順差(億美元)
2001年	323.4	5.9	50	-0.8	273.4	7.2	-223.4
2002年	446.7	38.1	65.9	31.7	380.8	39.3	-314.9
2003年	583.6	30.7	90	36.7	493.6	29.7	-403.6
2004年	783.2	34.2	135.5	50.4	647.8	31.2	-512.3
2005年	912.3	16.5	165.5	22.2	746.8	15.3	-581.3
2006年	1078.4	18.2	207.4	25.3	871.1	16.6	-663.7
2007年	1244.8	15.4	234.6	13.1	1010.2	16.0	-775.6
2008年	1292.2	3.8	258.8	10.3	1033.4	2.3	-774.6
2009年	1062.3	-17.8	205.1	-20.8	857.2	17.0	-652.1
2010年	1317.6	39.7	266.6	47.1	1051.0	37.9	-784.4

本表資料來源：海關總署。

1994年，大陸國務院「對台經濟工作會議」召開後，在「同等優先，適當放寬」政策的吸引下，台灣大企業開始來大陸投資，1996年達到了高峰。該年，批准了電力、水泥、汽車、鋼纜、化纖等一批資本密集型大項目，項目投資者主要是瞄準和面向大陸內需市場。這些企業在大陸苦心經營，奮力打拚，成為日後兩岸經濟合作中骨幹企業。

台灣經濟對大陸的依存不僅表現在貿易上，從深層次觀察，與「初級階段」不同的是，在大陸「快速發展」階段的台商將企業搬到大陸，產品不僅外銷並開始與大陸市場結合，將規模做大。大陸市場是台資企業不斷升級並持續做大做強的重要依託。

大陸市場的潛力巨大，資源豐富，使得這些企業的規模越做越大。如台灣玻璃公司，現在投資規模已超過該企業原投資的數倍，投資選址從青島、崑山擴大到了福建、四川、廣東和江蘇北部地區。這

些企業由於原材料大多在大陸獲取，所以對帶動台灣出口並不十分明顯，但台商憑藉資源優勢和大陸給予的優惠政策以及廣闊的市場空間，以致他們在大陸投資取得了突破性發展，創造了新的奇蹟，許多中小企業發展成為大企業或知名企業，有的產品已成為大陸知名品牌和馳名商標。如宏碁、康師傅、統一、捷安特、台玻、台泥、亞泥等。他們中大多是台灣的上市公司，在大陸靚麗的經營業績不僅使本企業得到壯大，也使得他們在島內成為「大陸概念股」中的佼佼者。大陸成就了一大批台灣大企業，有的已成為世界級企業。

台商透過在大陸的布局和發展，一是借用大陸市場的巨大需求能量，推動企業不斷成長，終於創造了一批大型企業，有的已成為世界級的大型企業。例如，在大陸打拚近20年的頂新集團（其「康師傅」品牌）2009年營業額高達50.8億美元[29]，比2008年同期提升了18.9%。另外，巨大集團也正成為國際知名自行車企業。二是利用大陸低成本優勢，打造國際級代工王國，如鞋業寶成、電子廠商鴻海、冠捷和台達電等。目前，除已有9家台資企業在大陸A股上市之外，台資企業也積極利用香港的資本市場上市融資。據台灣「中央社」報導，截止2009年12月底，香港上市的台資企業共52家，總市值達港幣4308億元。[30]在大陸股市上出現的「大陸概念股」成為台灣股市中的重要板塊，為台灣股市帶來利多，為台灣股民帶來實惠。事實證明，大陸是台灣企業做大做強的搖籃，更是培養知名品牌的「溫床」。

從新世紀開始到2009年，是台灣電子資訊業等技術密集型產業大舉向大陸投資的重要時期。台灣中華徵信所資料顯示：這一時期，世界上該行業的各大品牌企業，幾乎無一例外地均利用投資大陸的台資企業做「貼牌」的生產基地，其原因是產品的成本低、品質好、交貨及時、產品更新快。成本低，不僅是勞動力和土地價格便宜，更由於企業的大量集聚，具有完善而健全的產業鏈，以及最可靠便捷的供應

體系而大幅度降低了物流成本；品質好，不僅由於嚴格的管理，更由於有較高素質的勞動力，大大降低了產品不良率和返修率；交貨及時，不僅取決於高效的生產組織以及運輸和物流，更重要的是整體投資環境的「軟體」服務以及經營環境的政策配套，使在大陸的台資企業供貨時間很快適應了OEM的下單方式。由於台資企業加強了在大陸的研發，其產品更新加快，一系列新產品相繼面世，表明台資企業在應對當前全球日新月異的科技發展方面已有了相當的能力，這是台資企業競爭力的象徵，也是大陸投資環境優勢的體現。

2005年和2007年，台資企業在大陸「百大」出口企業的前十名中，分別占了四家和五家。[31]同時，一批國際級企業也脫穎而出，並造就了如鴻海、廣達、仁寶、友達、冠捷等世界知名的「代工」品牌。十分明顯，大陸為台灣造就了一批國際級企業，在國際「舞台」上，他們也是台灣企業競爭力的代表。這進一步說明了台灣經濟對大陸的依賴不僅表現在貿易關係上，也不僅是一大批企業在大陸成長壯大具有了自己品牌，而且更是以事實證明和回答了：大陸，是台灣經濟走向國際必須依靠的橋樑和通路。

（二）兩岸經濟，由台灣對大陸的「單向依存」走上相互依存

兩岸經濟交流合作經過二十幾年的發展，互補互利、互相推進，已開始與國際市場供應鏈形成緊密關係，影響深遠，彼此誰也離不開誰。廣大台商積極推動兩岸經濟交流合作，成為促進兩岸關係穩定發展的重要力量。在兩岸經濟交流合作蓬勃發展的進程中，雙方都獲得了巨大的經濟收益，也得到了許多重要啟示，積累了不少經驗。

在台商大陸投資的不同階段對大陸依存的方式、內涵及特點雖有所不同，但是都是由台灣經濟發展的內在需求所推動的，即使台灣在這一時期採取了各種阻撓政策和干預措施，卻也無法阻擋台商的投資潮流，阻擋不了兩岸貿易迅速發展的步伐。台灣經濟對大陸的依存

性，正是在這種背景下逐漸加深的，反之，大陸經濟對台灣的依存關係也正是在兩岸經濟共同發展中實現和形成的。因此，儘管這種依存關係對大陸來說，一開始是「被動」的，是處於「被依存」的地位，但兩岸卻獲得了「雙贏」的結果。

1.兩岸經濟存在互補性、競爭性。

在兩岸經濟關係發展過程中，儘管大陸是處於「被依存」地位，但客觀上雙方都各有所求、所需，如台商因需要資源、市場和人力而來大陸投資，並據此獲得了很大發展。大陸則需要資金、技術和管理，這樣，雙方在交流合作中，事實上即形成了互補、互利的關係。且出於各自提升產品技術水平和開拓市場的需要，雙方又出現了相互競爭，例如，有時為了爭取成為某一產品的供應商，兩岸企業之間的競爭就十分激烈，但這種競爭卻是正當的和必然的，而且更帶有合作性，它有利於促進雙方產業鏈的調整和提升，有利於產品質量的提高以及企業競力的提升。

2.大陸在兩岸投資貿易往來中面對的是「不對稱」的格局。

由於兩岸投資關係的單向性，以及兩岸貿易中，台灣「多出少進」的不平衡性，使大陸成為台灣外貿順差的主要來源地，使台灣對大陸的貿易依存度不斷上升，2009年高達40%。[32]台灣對大陸出口的大幅度增加，促使了台灣外匯儲備的大量上升。至2010年10月，台灣外匯儲備已達到3005億美元，排名次於俄羅斯，占全球第四名。[33]當然，台商也為大陸出口增加作出了經濟貢獻，這也可以說是「雙贏」的一種形式。綜上所述，所謂大陸的「被依存」只是相對意義上的，而從絕對意義上說，依存關係從來都是相互的，只是兩岸在形成和發展到相互依存關係的過程中台商是積極的推動者和主要受益者。

二、兩岸經濟相互依存關係的發展

（一）兩岸經濟相互依存關係愈加緊密

總體來說，由於兩岸經濟關係正常化和制度化的保障，以及台灣經濟的發展，大陸在兩岸經濟關係中的「單向依存」已逐步轉化為兩岸的相互依存，並日益緊密。

首先，實現「三通」之後，兩岸產業關聯主要發生在台商之間的狀況開始改變。其中「外溢效應」的相互依賴，有望得到加強。例如，從2008年下半年開始，台灣提出了為時三年的「兩岸產業搭橋專案」，希望藉助「官方」的力量，努力推動兩岸民間企業的合作。該專案內容分兩個層面：其一，兩岸同意就「十五個」項目透過召開兩岸產官學研研討會的形式，為兩岸企業建立交流渠道，搭建合作平台，進而為發揮兩岸產業的互補優勢，推動形成兩岸優勢產業、共創品牌，提升國際競爭力提供機會。這十五個項目是：中草藥、太陽光電、車輛、汽車電子、通訊、LED半導體照明、食品、精密機械、設計服務業、資訊服務業、風力發電、流通服務業、紡織與纖維、生物醫藥、自行車等。其二，兩岸各自成立諮詢專家小組（智庫），提出兩岸產業合作共同發展願景，為建立兩岸新型的產業合作模式等提供服務。

產業合作是經濟合作的重要內容，兩岸共同推動產業合作，並以「試點項目」的形式出現並非偶然，它是在兩岸官方直接主導和推動下，產學研共同參與的一種新的產業合作模式。在這種合作模式中，台灣官方一改歷年的做法而扮演了「推力」的角色。雖然產業合作的主體仍是企業，可是已經改變了台商自成一體的狀況。在公權力的引導下，兩岸企業將逐步改變只追求利益的傾向，而開始走向資源整

合、共同發展的方向。屆時兩岸斷裂的產業鏈可以連接起來,有助於提高產業競爭力,而台商分布在兩岸的供應鏈經過調整,縮短了距離,可以降低物流成本。這樣,兩岸經濟關係不再只是發生在台商之間的關係,而必然會形成兩岸企業之間「你中有我、我中有你」的相互依存關係。

另外,「陸資入島」漸入佳境,2011年已有204家企業在台灣投資或設辦事機構,審核通過投資金額約55.3億新台幣。兩岸企業往來日趨熱絡,「有來有往」的新局面將會增進加深兩岸企業的瞭解和理解,相互之間的依賴程度也會隨之加深。

(二)ECFA的簽訂促使兩岸經濟關係更為密切

1.ECFA簽訂為兩岸產業合理分工創造了有利條件。

例如大陸對從台灣進口汽車零部件,如果實現關稅由接近10%降為零,並得益於「三通」的便利,那麼汽車零部件企業就可能無需都遷往大陸設廠了,因此有利於台灣產業將一部分企業「根留台灣」,不僅就業機會得以保留,甚至可能還會增加。這在ECFA簽訂之前是完全不可能想像的。

台灣優越的地理位置完全有條件成為亞太地區的一個交通運輸中心,但過去由於兩岸不能直航,投資、貿易處於間接狀態,其地理優勢無法發揮出來,十分可惜。現在,兩岸不僅實行了「三通」,更由於ECFA的簽訂減少了關稅壁壘以及貿易逐步向自由化開放,兩岸企業面臨的總體經營環境隨之得到進一步改善,在這一新的格局下,「使台灣成為兼具轉運、物流配銷、終端產品加工等全功能的運籌中心」[34]是非常現實的事。

2.兩岸服務貿易將更加開放。

可以預見,兩岸服務貿易將會成為兩岸經濟相互依存關係的「黏

合劑」。面對大陸經濟的繁榮景象，隨著ECFA中服務貿易的逐步開放，為台灣同胞廣泛地融入大陸經濟各個層面創造了有利條件。許多台灣上班族欲前往大陸職場從業，兩岸經理人往來愈加頻繁，合作更加有效。據台灣一份人力資源的問卷調查顯示，台灣目前有將近19%的上班族已經有大陸的就業經驗，另外有將近17%的民眾正在大陸找工作，而認為自己未來將會在大陸上班的民眾更高達45%以上，簡單地說，台灣上班族有八成左右認為自己將會在大陸就業。且前往大陸就業的台灣人才已經不再限於製造業的經營管理者，金融保險、休閒旅遊等服務業人才的需求量正在大幅增加（其中以「理財規劃師」、「人力資源管理師」和「心理諮詢師」最熱）。據世界經理人學堂訊，除了台灣廠商紛紛進駐大陸設廠外，還有另一股台灣人才前進大陸的風潮正在興起。跨國企業對於台灣人才在大陸就職的需求已成為另一塊重要領域，許多跨國公司認定，台灣人才的國際化程度還是高於大陸本土人才，加之台灣與大陸文化、語言的相近，所以台灣人才可能被跨國公司派駐在大陸市場任職，這種優勢還是顯而易見的。[35]除此之外，金融業、旅遊業、醫療衛生……一系列服務貿易的進一步開放，無疑，這些都將成為促進兩岸經濟相互依存關係更加緊密的重要力量。特別要指出的是，降低貨物貿易的關稅可以讓更多的貨物自由流通，取消服務貿易的限制，則可以讓更多的各種職業的人群自由流動，不僅對於活躍兩岸經濟造成作用，更重要的是有利於台灣民眾更多地融入大陸社會。

  3.按ECFA中規定建立兩岸經濟合作委員會。

  ECFA中規定兩岸建立兩岸經濟合作委員會，其主要功能包括：「完成協議所需的磋商、監督並評估協議的執行、解決任何有關協議的解釋、實施和適用的爭端解決機制等。」這是兩岸經濟關係走向機制化的重要一步，反映了兩岸經濟合作已初步擺脫了純民間方式，自

此，政府開始為其「保駕護航」。展現在兩岸人民面前的兩岸經濟相互依存關係，已經提升到了制度層面的高度，出現了穩定發展的前景。與一般貿易投資比較，這種相互依存關係更具有本質上的意義。

三、兩岸「相互依存」的經濟關係逐步由低水平向高水平發展

在兩岸和平發展的大好局面下，以台商投資大陸並由此帶動兩岸貿易為代表的兩岸經濟關係經過近三十年的發展，目前已從昔日極度扭曲的不平衡狀態走向了正常化、規範化，並且正在向完善的制度化邁進。兩岸經濟關係愈加緊密，交流與合作形勢越來越好。兩岸經濟關係的迅猛發展和良好延續，其中廣大的台商是直接的參與者、推動者，也是直接受益者。他們並將成為開拓未來兩岸經濟關係新局面的先行者和創造者，他們走過的歷程和積累的經驗正是營造兩岸關係極為寶貴的財富。[36]

制度是影響經濟發展的根本因素，制度促進或阻礙經濟發展是透過激勵或壓抑創新實現的，因為經濟發展的實質就是創新。因而，好的制度是能持續激勵創新的制度，同時，這種制度本身也應是充滿生命力的、開放的、不斷調整和創新的。[37]

回顧台商在大陸近三十年的發展歷程，透視當前兩岸經濟關係的發展趨勢，不難看出，兩岸經濟關係從隱蔽到公開，從局部到全面，從單向到雙向，這一切都是大陸堅持制度創新的結果。

（一）兩岸產業合作模式發生變化

隨著大陸經濟實力的快速增長和兩岸產業轉型的持續快速進行，兩岸產業分工形態、分工模式趨向了多元化，其發展趨向是：兩岸產業分工合作關係更加密切，產業之間的相互依存度和融合度將不斷提高，兩岸經濟交流和合作也向更廣、更高的層次發展。

　　由於兩岸簽訂了ECFA，未來兩岸產業合作，將依託兩岸經濟合作的制度性安排而進行得更快、更有序和更加深入。這樣就有條件形成「規劃指導、政策支持、產官學共同參與」的新型產業合作模式，改變兩岸產業各自「單打獨鬥」的狀況。不可否認，多年來，兩岸的合作更多的是製造業的合作。1980年代中後期，台灣開始向大陸轉移下游加工業，與台灣島內中上游產業形成了垂直分工；90年代後，台灣中上游產業和電子訊息產業加快向大陸轉移，兩岸逐步走向了產業內的水平分工，即大陸生產較低端產品，台灣生產較高端產品。總體來說，雙方分工是隨著台灣產業鏈的製造端加快向大陸的轉移，大陸主要從事生產製造，台灣則主要從事管理、研發、財務運作、市場營銷等。儘管如此，仍舊沒有擺脫兩岸產業「簡單」結合的模式。ECFA的簽訂，掃除了有關障礙，兩岸產業合理布局已成為可能。因此，未來兩岸資源「整合」型發展模式將成為兩岸產業合作的必然趨勢。2008年的世界金融風暴給兩岸企業以深刻的教訓，即兩岸產業合作以簡單的垂直分工OEM模式經不住外部環境變化的影響，表現脆弱。這樣一來，不少企業已開始由OEM向ODM轉型，這種轉型的基本條件就是要具備研發能力（包括技術、人才、資金）有些台資企業如仁寶、彩晶、寶成[38]等在這一方面已經見到了成效，並開始邁向OBM，在市場營銷方面也開始走上了自創品牌的艱難歷程。

　　兩岸產業合作正在形成以現代服務業為主的趨勢。過去20多年來，兩岸產業合作主要以製造業為主，服務業僅占10%，ECFA中有關服務貿易便利化的內容和金融MOU的簽訂使原先的壁壘逐漸減少，兩

岸服務貿易交流和合作的環境大為改善。全球經濟發展的新趨勢表明，服務科技化內容豐富，有利於擴大市場範圍，製造業服務化的需求也更加迫切，現代服務業有更多的發展空間。最近，台灣提出的六大新興產業（綠色能源、生物科技、精緻農業、醫療照護、觀光旅遊、文化創意）呈現出以現代服務業為主的內涵，突出了「民生」、「創意」和「低碳」的特點。文化是生活方式的基礎，具有獨特性，更成為創意產業發展的重要助力。

兩岸深厚的共同文化資源為兩岸推動文化、創意與產業三者的緊密結合提供了極佳的基礎，但是目前主要的問題是缺乏整合綜效。為了改變這種狀況，就要努力塑造環境，營造非常開放、融合的氛圍，創造增加交流的條件，包括語言、文字、美術、音樂、藝術、設計。目前創意產業已經開始進入「體驗經濟」時代，它正以豐富多彩的多種業態（如工藝品的法蘭瓷、休閒養生的「喫茶趣」等）成為兩岸先進製造業與現代服務業同步發展、融合發展的新領域、新趨勢。[39]

（二）大陸台資企業由單純代工向自創品牌發展

大陸台資企業由原先單純代工向自創品牌發展的方式有以下幾種：

一是沿用原有品牌。一些在台灣較具知名度的廠商，或雖名度不高，但是既有品牌名稱能彰顯商品特質的廠商，因其品牌可創造極高的附加價值，一般都沿用台灣市場原有品牌。例如，食品業的統一企業（Uni-President）及米果產銷的旺旺集團（Want Want），亞洲水泥的洋房牌水泥，巨大機械的捷安特（GIANT）自行車，衛浴設備製造的和成（HCG），以及宏碁電腦（Acer）、華碩（ASUS）、威盛（VIA）等。當然，他們的品牌戰略之所以成功，重要的是他們善於利用大陸市場，並有開拓性的市場營銷策略，同時其產品與時俱進，適時擴大業務範圍，做到滿足大陸消費者的需要。

二是在大陸自創品牌。一些在台灣市場原為中小企業的廠商，經營的是名不見經傳的「小生意」，因其品牌影響不大，說不上有什麼附加價值，他們本身無特定品牌，或是原先僅從事貼牌代工生產，專事代工業務，欲改變原貼牌代工的形象，則傾向在大陸創立新品牌。例如以生產泡麵聞名的頂新康師傅（Master Kong）、女鞋產銷的永恩達芙妮（DAPHNE）、大陸知名休閒男裝品牌台南企業湯尼威爾（Tony Wear）、電腦外設及電腦整機銷售的明基電通（BenQ）等。在通路開拓上，由於企業的競爭力不同，採用自建通路或運用當地通路完全視情況而定。[40]

三是與大陸企業合作共創品牌。最典型的當屬台灣裕隆汽車與大陸的東風汽車兩家合作，共創「納智捷」品牌汽車，裕隆汽車在台灣60多年來做過美國、日本、歐洲的品牌汽車，但最終取得的成績都只是成就了別人的輝煌；裕隆汽車總結了痛苦的教訓之後決定自創品牌，從底盤、引擎設計和製造都要國產化，這不是一件容易的事，但是他們成功了。現在裕隆東風已合資在杭州生產了「納智捷」，兩岸合作實現了兩岸中國人共創品牌的理想。

對於台灣企業來說，利用大陸內需市場優勢和台灣企業的全球化生產與銷售網絡優勢，遵循的是逐漸擺脫對代工生產模式的依賴，將品牌產品擴大版圖，把品牌的影響做大，以共同形成國際品牌戰略，這已成為眾多台資企業的共識。隨著大陸經濟持續快速發展，二、三級市場逐漸成熟，參與國際化程度不斷加深，以及大陸民眾生活水平的不斷提升，消費者對商品品牌的認知度越來越高，兩岸企業由於共創品牌產業的依存度和緊密度也會相應提升。

（三）兩岸經濟交流由物質向精神層面轉化

兩岸經濟合作交流由物質向精神層面轉化，使兩岸經濟相互依存關係進一步深化。精神是物質高度發展的產物，今天，兩岸已開始超

越初級階段「招商引資」、「考察評估」的固有觀念，正以一種新的更加科學的觀念來重新看待彼此間的經濟合作交流，這就是兩岸經濟交流合作由物質轉向了精神層面，而這種影響更加深遠、更有成效、更為久遠。而且，這種非物質性交流已經開始了實踐，它無疑為兩岸人民的「心靈」交流開啟了一扇大門，為建立雙方的互信創造了一個極佳的機會。縱觀兩岸經濟關係發展歷史，每一次對原有觀念的超越，都會使人們對兩岸經濟關係價值和內涵的認識向前邁出一大步，相信此次也不例外，我們期待著這一新高度的出現。

1999年初，清華大學台灣研究所成立以後就開始關注台資企業在大陸的經營管理問題。經過兩年多的認真調研，於2002年起，整理了聯華電子、頂新集團、宏碁電腦、台達電子、寶成鞋業、捷安特自行車等十二家台資企業的管理經驗作了研究，並經十二家企業的授權，出版了《台資企業個案研究》一書，這是大陸首次向廣大讀者大面積介紹台資企業的書籍。2003年開始，台灣研究所又花了四年時間，集中研究了台灣台塑集團的經營理念和管理經驗，並於2007年在兩岸同時出版了《篳路藍縷——王永慶石化王國》一書。這是王永慶先生首次正式對外授權研究和出版有關台塑集團經驗的書，獲得了兩岸讀者，特別是大陸企業界的高度關注和歡迎。2009年，經有關企業授權又出版了《合資企業成功拾祕：經贏之道》一書。該書描述了「統一企業」、「金仁寶集團」、「天福茗茶」和「漢鐘精機」四家企業成長、發展過程中的成功經驗，分別給人以深刻的啟示。這些優秀的台資企業只是兩岸成功企業中的極少部分，但它卻反映了中華文化生生不息的強大生命力，給人以奮發圖強、催人奮進的精神力量，讓人瞭解到：勤勞、節儉、樸實是這些企業賴以生存、發展的靈魂，在他們企業文化裡更蘊藏著知難而上、堅韌不拔的毅力，以及不斷創造、創新、創意的「三創」精神。正是這些精神力量才得以支撐他們在充滿艱辛的歷程中，堅持將企業做大做強。成功的台資企業也告知人們：

正確的決斷和前瞻的思維以及持續創新的企業文化正是企業的「軟實力」，它決定著企業成功和失敗，決定著企業的層次和高度。

在對台資企業的研究中發現，許多台資企業極為重視環境保護和愛護員工，它反映了企業文化中的另一主要方面，那就是善待自然、善待員工、回饋社會的責任、理念和行動。它將企業──自然──員工──社會融為一體，營造出了和諧溫暖的經營氣氛，夯實了企業穩定向上的基礎。企業是社會的基本單元之一，如果企業都有這樣「以人為本」的理念和出色表現，則社會的繁榮、穩定、和諧指日可待。對部分台資企業的深入調查及所做出的總結，從另一個方面體現了兩岸經濟交流已上升到精神層面的高度。

1.關於「台塑」「合理化」理論與實踐研究

由王永慶先生創辦的台灣台塑集團，成立於1953年。當時，日生產PVC材料只有四噸。而到2010年，台塑已成為一個以煉油石化為主，涵蓋電力、電子、機械、鋼鐵、汽車、生物科技、海陸運輸、教育醫療等多種產業於一身的集團性特大型企業。台塑集團是由一百三十多個關係企業和成員企業所組成的聯合體，也是一個跨國公司，年產值約占台灣GDP的16%。台塑富於傳奇的發展歷程的確可以用成語「篳路藍縷」來表述。

「合理化管理」是台塑最核心、最重要的管理理念，它是指「管理要合乎做事做人的基本道理，依此制定合理的標準，確定合理的考核制度，進行合理的管理，獲得合理的收入和利潤」。這幾句話聽起來並不難懂，但做起來卻不容易。正是這幾句話，讓台塑集團不斷追求「合理化」，形成了「止於至善」的企業文化。

2009年起，在國資委的推動下，由清華大學台研所和中智公司共同組織了中石化集團赴台塑集團參訪研習團。開啟了大陸中央企業與台灣民營企業的交流航程。研習團由中石化集團主要領導帶隊，分兩

批有集團總部高級管理人員、職能部門及分公司負責人共44位參加，分別花了18天時間，對台塑集團作了系統的考察、研習和交流。不久，台塑集團也由主要領導和部分中層幹部赴大陸來中石化參訪、交流。這是兩岸經濟交流深入發展的明顯標誌，它開啟了兩岸企業界管理層相互進行全方位、多角度、深層次大交流的先河。中石化參與考察交流研習的所有成員都認為，這次活動很有意義，對中石化集團提高管理水平很有幫助。

值得指出的是，台塑集團和中石化是同行，是競爭對手，一般來說，同行是「冤家」，但台塑卻敞開胸懷，主動邀請中石化去「上崗」考察，這種氣度實屬罕見。而中石化願意興師動眾赴台塑學習，也絕不僅僅是出於對王永慶這位「經營之神」個人的尊敬，實際上反映了大陸中央企業渴求管理創新的積極態度。國資委負責人李榮融主任對中石化赴台研習所作的評價是：「中石化借鑑台塑的經驗，積極推動制度E化、全員合理化建議、全員成本管理，有效降低了生產成本。」[41]國資委副主任邵寧也指出：台塑企業的管理，可能比較適合我們的中央企業借鑑。台塑管理植根於中國文化，又較好地融合了西方管理的科學方法，它的「一日結算」、「單元成本分析法」、「異常管理」等管理方法，都是其管理創新的成果，我們絕大多數企業現在還達不到這個水平，同台塑進行對標，可能是「央企」一條提高管理水平的捷徑。[42]到2011年國資委已先後批准了七批央企包括中石油和中海油等5家參訪研習團，都取得了十分良好的效果，推動了國資委倡導的央企向世界一流企業學習的活動。

2.關於「海峽兩岸產業合作論壇（崑山）」（簡稱「崑山論壇」）

中國大陸各地每年舉辦的對外「招商引資」洽談會比比皆是。位於蘇南，與上海毗鄰的崑山市，是大陸台資企業最為集中的一個縣級

市，到2010年底止共有台資企業3830家。該市一年一次的「金秋招商」活動亦已連續舉辦了十多屆。在進入新世紀之初，崑山市領導感到為招商引資舉辦各類大型活動很有必要，它對大量吸引台資的確造成了重要作用，但總覺得其中缺少了點什麼。與清華大學台研所研究後，雙方決定舉辦一個研討式的活動，即「兩岸產業合作論壇（崑山）」，其目的在於動員兩岸產、官、學、研各界人士廣泛參與，就兩岸經濟關係的發展趨勢和前景、產業合作的方向和模式、產業升級和轉型、經營理念創新、投資環境改善以及如何推進兩岸經濟關係持續快速發展等問題進行深入的研討和交流。同時，也為探討昆台經濟關係發展的新路徑搭建一個交流平台。至2010年，海峽兩岸產業合作論壇（崑山）已經走過了十個年頭。十年來，它與「招商引資洽談會」並列，作為兩個「輪子」，共同推動著昆台兩地經濟關係的發展，在新世紀開始後，面臨複雜的兩岸關係中探索如何發展兩岸經濟關係作出了相當的貢獻。

「海峽兩岸產業合作論壇（崑山）」於2001年起，由清華大學（台研所）、國家科技部（海峽科技交流中心）、江蘇省（崑山市政府）發起並主辦。從2005年開始，又吸收「崑山台資企業協會」作為主辦單位之一。這樣做的目的是讓更多的崑山台商參與進來，從而體現論壇的廣泛性和群眾性。崑山論壇有以下幾個特點：第一，崑山論壇的參與方廣泛，且兩岸有很多知名人士或著名機構參與。崑山論壇得到大陸國務院各部委，如國台辦、國家發改委、商務部、國資委、工信部、大陸國務院發展研究中心、社科院等部門的指導和大力支持，而且以上部門相關領導如著名專家朱麗蘭、吳敬鏈、王洛林、李劍閣等都曾蒞臨「論壇」發表演講。台灣眾多知名人士，如蕭萬長、江丙坤、劉兆玄、洪其昌、蘇起等和有關經濟部門負責人、台灣各工商團體各大專院校、研究院的負責人及專家、學者也都親臨論壇演講。第二，2001年以後的兩岸關係複雜多變。每屆論壇的主題都是根

據兩岸關係新形勢，把握發展趨勢，緊緊圍繞如何推進兩岸經濟交流新格局這一大方向，牢牢抓住台資企業和台灣同胞所關心的主要問題慎重確定。例如，如何改善和創新大陸投資環境以滿足台灣電子資訊產業向大陸大舉轉移的需要，特別是針對崑山台資企業集中的特點，探討台資企業協會的功能等。又如，兩岸如何共同努力，實現由「中國製造」向「中國創造」轉變；如何在IC、IT、光電、現代服務業等各產業領域加強合作，共創雙贏；如何實現台資企業的轉型升級、創新發展等。論壇圍繞這些課題，都一一展開了廣泛深入、卓有成效的討論，並取得了良好效果。第三，崑山論壇已成為兩岸學術界、科技界、工商界交流互動的重要平台。產、官、學、研彼此互動，結合當年國際的、兩岸的經濟形勢，展開理論、訊息、觀念的大交流。參加論壇的人員面廣量大。僅大陸方面，除大陸國務院各有關部門各級領導之外，還有來自大陸其他省市的經濟開發區、科技園區、台辦、涉台科學研究院校、有關中介機構（律師、會計師、諮詢顧問公司、金融機構）以及民營企業代表參加。據不完全統計，歷屆參加論壇的各方面人士，總計超過了3000多人次。這一平台有助於兩岸有識之士廣交朋友，增加瞭解，形成共識、培養互信，造成了獨特的紐帶作用。據社會各界反映，兩岸學者長期缺乏正常穩定的學術交流渠道，而「崑山論壇」是一個有益的補充。「崑山論壇」對推動發展兩岸經濟關係產生了積極影響並做出了一定的貢獻。同時，「崑山論壇」作為崑山人的「智庫」，對崑山進一步改善投資環境，調整崑山產業結構、提升產業層次和水平，以及提高崑山在海內外的知名度，增強其對台資企業的吸引力，都造成了一定的促進作用。

　　海峽兩岸經濟合作在交流方面有廣闊的領域，亦有更多更重要的事要做，只重「招商引資」的現象應該得到改變。目前雖有各類經濟論壇或研討會，但從參會人員來看，主要是企業界人士，而且基本上都是大企業唱主角，很少有學者參與。這說明，各地主要目的還是為

了招商引資,要改變這種局面,一時還不易做到,但是顯然已不符合當今兩岸經濟關係新時期的特點了,這點值得兩岸有識之士高度重視。

(四)兩岸經濟關係的制度化將逐漸替代台灣方面的「黨意化」

共同發展經濟是兩岸民心所向,民意所致。選舉政治決定的力量對比正在發生變化。未來有兩種途徑:一是政治在相當長的時間內對經濟仍有較大的牽制力,二是政治影響經濟的力量越來越弱,「制度化」逐步代替「黨意化」。世界越來越小,越來越平。閉關或靠意識形態主導經濟已不適應時代的要求,更不符合台灣的利益。美籍趨勢大師奈思比來到台灣時指出,當前國際上的兩大趨勢是:「一、全球關注的重心,已從西方轉至東方,尤其是中國大陸;二、全球正朝單一經濟體發展,國家疆界逐漸消失。」[43]奈思比的這兩項重要分析,對台灣應該有所啟發。台灣經濟與大陸經濟更緊密的整合,不應只為圖一時之利,而應著眼於開創百年繁榮的長久之計。為了台灣經濟的未來,完全沒有理由人為地在兩岸築起藩籬。因此,在未來的全球經濟格局中,台灣不但需要有自己獨特的產業、技術與人才優勢,更需要有不斷創造優勢的潛力,這些優勢與潛力的獲得,最主要的途徑應該是透過兩岸經濟關係的強化,而不是疏離。兩岸經濟整合的程度越高,台灣經濟就越能展現出活力,這同時對大陸經濟的持續發展也能帶來很大好處。兩岸經濟關係全面深入發展,事關兩岸同胞長遠福祉,需要兩岸同胞的共同努力。過去二十多年中,兩岸經濟關係都不同程度地受到了「政策」的影響,兩岸經濟關係要透過兩岸共同的制度安排,這就是兩岸經濟關係的特色所在。但是在建立機制化、制度化之後,市場經濟規律將在其中發揮明顯作用。它表明,兩岸經濟關係在進入「市場」與「政策」並重的雙輪驅動時代時,兩岸不僅應取消不必要的限制性經濟政策,更應以積極的態度去推動兩岸經濟合

作。在基本實現兩岸經濟關係正常化的基礎上，兩岸應進一步加強和完善經濟合作的制度化建設，增加其執行力，具體包括：投資保障協議、避免雙重徵稅協議、貿易爭端處理機制、知識產權保護以及產業標準的共同制定等。為達成這些協議，兩岸還應建立多層次的經濟交流的溝通與協商機制，包括兩會協商機制、行業協會協商機制、專家交流機制、企業合作論壇等。不管如何，發展總是硬道理，這對兩岸都適用。台灣只要在發展中不斷爭取主動，就可避免邊緣化。

兩岸經濟關係發展的同時，對兩岸關係的改善也造成了積極作用。例如，在兩岸經濟關係不斷向前發展的同時，兩岸民眾的相互理解與信任也在增強。其一，台灣民眾認為大陸政府不友善的比重在下降。根據台灣政治大學選舉研究中心所作的定期民調結果顯示：台灣民眾認為大陸政府對台灣不友善的比重由2004年7月的70.4%，下降為2009年9月的45.1%；台灣民眾認為大陸政府對台灣民眾不友善的比重也由2004年7月的48.7%，下降為2009年9月的38.7%。其二，台灣民心指數對兩岸關係的樂觀程度在上升。台灣《遠見》雜誌自2006年6月起每月發布「台灣民心指數」調查結果，其中島內民眾心理的「兩岸關係緩和指數」有明顯提升，由2006年10月的51.2上升至2009年10月的61.2。[44]

就上述台灣民調結果來看，兩岸經濟的合作緊密直接影響到兩岸關係，而兩岸經濟關係由「低」到「高」的發展事實，已逐步被台灣民眾所接受、所理解。「民心齊，泰山移」，在兩岸民眾的共同支持下，兩岸經濟關係肯定會更加緊密、更加具有動力和活力。儘管兩岸經濟在總體層面的相互依存度基本上還處於較低水平，但兩岸經濟體的這種相互依存性在動態變化中總體上保存了上升趨勢。新形勢下隨著兩岸經濟關係正常化以及制度性合作與一體化的逐步推進，兩岸經濟交流與合作將進一步擴展與深化，兩岸經濟交流從物質向精神層面的轉化，必將對兩岸關係的改善和發展提供新的利基。

第七章　台資企業的轉型升級

　　產業結構調整，包括企業的轉型升級，不應該只是應對國際金融危機衝擊的因應之策，而應該是順應世界經濟發展新趨勢、新特點，及時轉變經濟發展方式的長期戰略。兩岸已共同進入產業結構調整的關鍵時期。隨著兩岸經濟合作框架協議（ECFA）的簽訂，兩岸產業分工與合作的態勢漸趨明朗，雙方對加速產業升級、企業轉型均感到有足夠的必要性和緊迫感。台灣領導人馬英九在就職兩週年的記者會上提出：「台灣的產業結構一定要改變，台灣的經濟策略也一定要調整。」此前，台灣立法部門通過的「產業創新條例」，則更加明確了擴大鼓勵民間投資、引導產業發展創新、加速產業結構轉型升級的具體方向和決心。大陸早前提出的調整產業結構重點是：加快改造提升傳統產業，著力推進高新技術產業，及時發展戰略性新興產業，大力發展節能環保產業，培育壯大現代服務業等。這也為加強兩岸新型產業合作提供了導向和思路。顯然，如何加速推動產業結構轉型升級已成兩岸共同的思考和當務之急。

一、台資企業轉型升級的理論分析

（一）企業轉型升級的內涵界定

在企業生命週期中，轉型升級是任何企業實現永續發展的重要途徑，其內部動因是企業需要重新優化配置內部資源，塑造持續的核心競爭力；外部動因是由於企業所處的經營環境制約了企業成長，因此要重新對企業發展方向和戰略作出調整。

當前，雖然對企業轉型升級的研究尚未形成理論體系，但是對企業轉型升級中的若干現象以及途徑，學者們進行了大量的研究。韓福瑞和施米茨（Humphrey and Schmitz，1998）將企業升級類型劃分為三大類：工藝流程升級（process-upgrading）——透過引進新工藝或重構生產組織來提高生產效率，提高投入產出比，降低產品成本，提高產品競爭力；產品升級（product-upgrading）——擴大產品範圍，改善產品品質，提高單位產品（或服務）的附加值，增強產品競爭力；功能性升級（functional upgrading）——企業在價值鏈內獲得諸如市場、設計等新功能，實現價值鏈內企業間的勞動再分工，透過重新組合價值鏈中的不同環節來獲取競爭優勢，雖然這種價值鏈體系內部的變革並沒有改變企業類型。另外一種形態是跨產業升級（inter-sectional upgrading）——企業將用於一種產業的專門知識應用於另一種產業（李燁、李傳昭，2004）。典型案例之一是台灣電子製造企業將彩色電視機製造技術應用於附加值更高的個人電腦配件製造領域並獲得成功。這種升級實際上是企業形態的一種轉型。

嚴格地說，企業的轉型升級是企業發展過程中提高競爭力的一個永恆主題，並不是因為世界經濟不確定性劇增，或者像有些企業所說，因為大陸實施了一系列政策，如提高工人工資等所造成的「衝擊」導致的。

（二）企業轉型升級的重要內容

本節重點論述基於企業外部不確定性環境影響的企業轉型升級，這是為企業提高自身核心競爭力，實現永續發展而採取的一系列向更

高附加價值演進的變革性措施,包括企業在內部的理念、技術、產品、制度、管理、文化的改革和提升,以及在外部產業鏈環節上向具有更高附加值的環節推進和轉移。

其一,轉型企業要創新觀念,抓住新機遇積極推動戰略調整。轉型不僅僅是透過提高效率或改造業務流程以降低成本,更應該是在創新觀念的驅動下,掌握有利時機對企業戰略和管理過程進行革新。企業領導者的創新觀念首先來自於信心,有了信心,才能產生行動力,進而影響和帶動全體員工共同加入到轉型升級的行動中來。

其二,轉型企業需要確定新的發展目標。轉型的企業需要建構和培育面向新願景的新的能力結構(執行力)、業務結構(產業布局)和市場競爭戰略,以確保新目標的實現。有些企業已經為此作出了必要的轉移,並在轉移中實現了轉型。總之,轉型升級不能盲目行動,必須要有明確的目標和戰略以及實際可行的步驟,否則將會出現難以預想的風險。

其三,不惜作出全局性的改革。全局性的改革可能涉及企業整個組織結構,是全方位的改革,而不僅僅是局部的改良,不僅僅是出於需要而成功地塑造一個新的管理系統(含業績評估、激勵機制和員工崗位職責規劃管理)和運營系統(含產品發展及運營策略等)。改革可能涉及企業各級領導和員工的理念、行為準則、組織機構功能的改造與轉變,以及企業內外資源結構的重組與整合。這種全方位的改革必將會牽扯到某些當事人的既得利益,因而有時難以有效地推進。

(三)企業轉型升級的幾個階段

基於產品生命週期理論,我們提出了劃分企業轉型升級的幾個階段。

企業轉型升級的最初階段一般是以企業的技術改造為「龍頭」,

著力整合和調整企業內部資源。此時，企業的產品處於導入期。由於新產品剛剛面世，市場認知度不高，生產批量小，製造成本高，銷售價格也高，所以企業通常獲利微薄，甚至於虧本。雖然新產品的競爭力強，但開始時顧客也少，這時最需要的就是堅持和耐心，以體現領導者的自信心。企業從上到下努力完善相關配套的管理措施，以適應新的體制，不斷降低製造成本，提高顧客對產品的認知度。

第二階段是技術升級的同時積極開拓市場。此時，企業的產品處於成長期，產品需求增長，此時正是產品接受市場嚴格檢驗的重要時期，也可以說是競爭者紛紛進入市場的階段，一旦獲得成功將導致產品供給量增加，價格隨之下降。為了防止企業利潤增長速度逐步減慢，就必須要對產品本身的技術水平不斷進行提升，對產品的基本功能和附加功能進行改進，對產品有針對性地進行再創新，使市場對該產品的認同不斷加深。同時必須不斷改進經營策略，以維持和提高該產品的市場占有率。

第三階段是價值鏈環節升級。此時，企業的產品處於成熟期，品牌的價值逐漸顯現，但是，市場競爭會非常激烈。因此，企業即使對產品進行改進也已經不能夠適應外部競爭環境的需要，必須透過改變在價值鏈上所處的位置以重獲競爭優勢。例如加強產品的售後服務，增加產品的附加價值，並產生出新的經營模式，以鞏固市場地位。有的企業乾脆將製造委託別人代工，自己則改成專做設計或銷售等。雖然所處行業並不改變，但在價值鏈上產品的位置作了調整，從而提高了企業的競爭力。這也通常被理解為企業向「微笑曲線」兩端移動（參見圖1）。

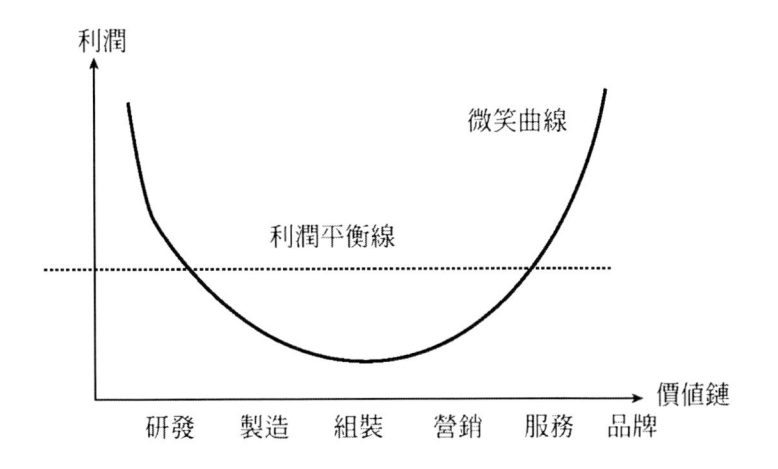

圖1企業「微笑曲線」

　　第四個階段是跨行業轉型。此時，企業的產品已經處於衰退期，產品進入了淘汰階段，市場上已經有了其他性能更好、價格更低的新產品，足以滿足顧客需求。企業若想獲得新的發展機會，必須切換到新的行業，但轉型成本高，風險大（參見圖2）。因此這是一條險路，如非走不可的話，也要儘可能地選擇與自己相關的行業。例如，早期一批來大陸投資農業的台商，有不少已轉向。他們憑藉對大陸消費市場特點的瞭解，放棄了自己種植農產品而改成「訂單」生產，然後收購，完全成了產品通路商。

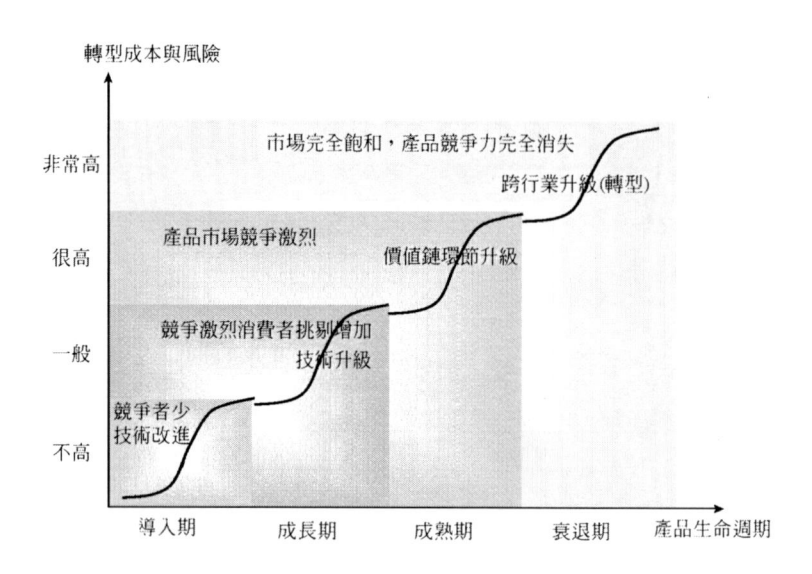

圖2 企業轉型升級的重要階段

二、台資企業轉型升級需要認真考慮的幾個重要因素

　　企業轉型升級，需要對企業內部資源、組織結構、發展願景和外部市場方向都作出調整，因此是一個系統、複雜和長期的過程。一項成功的轉型，不能一蹴而就，必然要突破很多障礙。

　　第一，要高度重視宏觀經濟環境的變化趨勢對產業和企業的挑戰

　　我們看到，世界經濟的不確定性至少導致了兩個層面的變化：一個是基本面，即各國紛紛實施宏觀調控政策；另一個是技術面，即企業必須重新考量自身在全球產業鏈分工體系中的定位。因此，世界經濟的不確定性必然促使台資企業對自身轉型升級進行深入思考。始於2008年的美國次貸危機所引發的全球金融風暴，給台資企業帶來了空

前的衝擊。因為：（1）台資企業大多數是以代工生產方式為主。他們是一無自我通路、二無自己品牌、三無核心技術的「三無企業」，一旦訂單減少，就失去了立足之地。如台灣在2008年，面板產能的利用率只有30%～40%，而韓國三星等由於掌握下游電視產業及其通路，產能利用率則保持在80%左右。[45]（2）兩岸產業分工中加工貿易方式占據了主要地位。金融風暴所造成的經濟危機中，由於歐美市場的快速下滑，兩岸貿易急劇萎縮，使得台灣對大陸出口占大陸總體進口的比重，由2000年的11.3%逐步下滑到2008年的8.5%。這表明，兩岸以加工貿易為主的產業分工方式有十分明顯的脆弱性。眾所周知，兩岸貿易是受台商投資拉動的，大陸從台灣進口的大多是大陸台資企業用來組裝整機的中間產品，顯然，兩岸貿易下降是台資企業出口下降造成的。所以兩岸產業合作受國際產業鏈分工的影響甚巨。金融風暴過後，美國等國家超前消費的衝動和「習性」及由此拉動的巨大消費能力還會依舊如故嗎？對我們而言，認真面對世界金融風暴後可能出現的歐美消費市場動力不足的現實是必須的，所以以出口為主的經濟增長方式，已經到了必須轉型的時候了。而實現拉動消費、擴大內需的目標，改變嚴重依賴出口的局面應該是企業轉型升級的主要方向。

第二，拓展新視野開拓新思路

企業要高度重視拓展新視野，不斷開拓新思路。台資企業在轉型升級過程中要重視以下兩點：（1）如何改變單純依賴大陸土地和勞力等廉價資源的思維方式，走一條不依不靠、降本增效的創新之路。否則只有像「候鳥」一樣走遷徙之路，這條路最省力，但決非長久之策。一個有長遠打算的企業一定會對自己在全球產業布局中的地位有個清醒的認識，堅持自主創新，其中包括技術創新、管理創新、經營模式創新以及市場渠道創新等。向創新要效益才是根本的出路。（2）關注大陸宏觀經濟政策的調整方向。首先是五年一次的國民經濟和社

會發展的總體發展規劃。自2011年起，中國大陸開始執行第十二個五年規劃（簡稱「十二五」規劃），它對此後五年內經濟和社會發展提出了明確目標。對企業來說，把握好大陸經濟發展總趨勢十分重要，嗅覺敏銳將會給企業帶來巨大商機。其次是產業政策，它會指導企業的投資方向。企業必須知道政府在產業發展方面究竟鼓勵什麼、限制什麼和禁止什麼。再次，還要關注大陸國務院有關部門實施的重大調控政策，如進出口貿易、環境保護、匯率、勞動保障及土地、房地產政策等。這些調控政策對企業經營成本和市場銷售都會造成直接影響。與此同時，企業還應充分注意大陸各大區域發展的態勢、特色和政策差別優勢所在，要將大陸產業政策和大陸各地不同區域的狀況結合起來思考。以上這些，對於企業轉型，尤其是易地轉型的企業有重要的參考價值。

第三，台資企業融資難的問題尚有待解決

大陸台資企業的融資問題一直備受關注。大陸台資企業一般以中小企業居多，相對來說融資不易，特別是出口型企業，由於近期成本提高，應收帳款回收更加困難，流動資金缺乏更是普遍的現象，有的企業甚至因為資金鏈斷裂而陷入關閉的困境。有些台資企業經營業績越來越好，對獲得更充足的資金來實現規模擴張和進一步提升經營業績的需求也愈加迫切。如果資金問題不能很好地解決，則企業轉型升級根本無從談起。雖然大陸金融市場在不斷完善，台資企業的融資也會出現多渠道、多樣化的局面，但是「融資難」的問題還未得到完全解決。表1所列數據表明，企業在大陸融資困難最主要的原因是跟不上政策調整步伐，貸款門檻高，缺乏擔保品，以及少有台灣銀行在大陸設立分支機構等。

表1 台灣企業在大陸融資困難的主要原因[46]

企業在大陸融資困難的主要原因	綜合得分	非常重要(5分)	較重要(4分)	一般(3分)	不太重要(2分)	不重要(1分)	沒有影響(0分)
大陸銀行貸款政策從緊	50	25.00	25.00	25.00	6.25	0.00	18.75
大陸銀行貸款門檻抬高	50	21.43	28.57	21.43	0	7.14	21.43
大陸沒有台灣銀行機構	50	31.25	18.75	12.50	6.25	6.25	25.00
對大陸金融政策不了解	35.29	5.88	29.41	35.29	0.00	11.76	17.65
外銷雖有信用證，難獲貸	46.66	13.33	33.33	13.33	6.67	6.67	26.67
產品內銷，資金無法回籠	35.72	14.29	21.43	14.29	14.29	7.14	28.57
企業缺少資產抵押	27.27	9.09	18.18	27.27	0	0.00	45.45

　　大陸各級政府對幫助解決台資企業融資難的問題十分重視。1989年，中國人民銀行、原國家計委和大陸國務院台辦三家協調取得共識後，經大陸國務院領導同意，決定將台資企業「基本建設投資配套資金」列入國家計劃。此後，從1989年直至1997年，累計共貸給台資企業高達30億元人民幣、一億美元貸款。此舉部分解決了台資企業初始資金困難的問題。與此同時，經大陸國務院領導同意，由中國人民銀行批准，1994年和1997年，大陸正式批准成立了兩家以台商出資為主的台資銀行。兩家銀行均由台灣專業經理人經營，專門為台資企業和台灣同胞服務。其中，擁有一萬多客戶的上海華一銀行自成立以來，利用其在台灣的網絡優勢，為客戶提供了大陸銀行所無法做到的周到服務，在大陸台商中口碑甚佳。

　　2000年之後，國家開發銀行、華夏銀行等開始為台資企業列出專項貸款額度，到2010年底，台資銀行進入大陸設立分行已達到七家之多，這樣一來，相信對台資企業融資難的問題肯定會得到較大幫助。但是，總體上說，台資企業融資難的問題仍然存在。

　　第四，人民幣匯率上升對台資企業轉型升級產生的不利影響

　　2007年以來，人民幣匯率逐漸上升對產品外銷型企業的衝擊很大，至少給企業帶來兩個方面的影響。首先，如果企業位於出口加工

區,而且經營收入基本都是美元,出口銷售收入則也相應減少。且採購、工薪和水電費必須以人民幣支付,那麼人民幣升值就會導致公司成本上升。其次,隨著企業出口產品利潤下降,流動資金被直接占用了。因而,挖掘潛力,降低能耗,關注人民幣匯率上升時對企業造成的不利影響,為企業營造一個適應於匯率變動的經營空間,是極為重要的。

三、台資企業轉型升級的模式及政府作為分析

事實上,絕大部分台資企業採取的是就地轉型升級,但也有一些企業轉移投資地區甚至停業。究其原因,一方面是基於對企業轉型升級與停業的成本和風險的考量。另一方面,大陸地域廣闊,完全可能找到更為廉價的資源,開闢出新的市場,適當的轉移對企業發展也有利。

因此,企業如何能夠找到一種切實有效的轉型升級或轉移模式,以及政府如何能夠幫助企業將轉型升級的風險降至最低,並最終實現企業的持續發展,才是至關重要的。

下面,針對台資企業遇到的主要問題和已有的轉型升級實績,總結了六種模式。

第一種模式是「市場調整型」。產生這種模式的動因是企業所處的外部環境發生劇烈變化,外銷成本增加,而內銷市場相對看好。企業要對自己的市場戰略作出相應調整,減少外銷,擴大內銷,加強與企業所在投資地區的策略互動,研究並開闢新的細分市場(一、二、三級市場的分工)。為此,政府應積極引導和推進當地民營企業與台

資企業合作，增加台資企業對銷售市場的瞭解，同時要營造出公平、公正、公開的良好市場環境，而最重要的是幫助企業領導人樹立起透過轉型升級實現可持續發展的信心。

第二種模式是「技術提升型」。它主要是因為企業技術層次和水平無法適應外部競爭需要，或者企業生產導致污染嚴重，尚未達到環保評價標準等原因而產生的。因此，企業必然要從提升內部技術和管理入手，重構業務流程，加強新產品研發，打造強勢品牌，發展循環經濟，並把力爭進入高科技企業作為目標。當然，產品或技術的研發不僅需要企業內部組建自己的研發中心，可能更重要的是發揮「引智」效應，加強產學研合作。政府對此要做好服務工作，努力營造企業自主創新的環境，實施鼓勵創新的政策，而最重要的就是如何發揮政府在搭建融資平台中的公信力，使各類融資機構成為牽引和帶動、促進企業技術升級的助跑者。

第三種模式是「產品捆綁型」。很多台資企業是中小企業，各家產品的市場占有率都較低。但若幾百家或上千家企業的關聯產品（可以是同質產品，也可以是異質產品）捆綁在一起，組建統一賣場，放在同一個市場內銷售，就可以擴大銷售規模，減少行業「尋租」，節省交易費用，用規模和降低費用來增強市場競爭力。這種模式要求企業間要形成一個共同銷售協議；政府則需要提供市場優惠條件，做好市場協調和服務。有些地方的台資企業協會已經在試辦這種模式，效果有待於進一步觀察。

第四種模式是「企業新生型」。加工貿易類企業採用這種模式較多。其做法是在原地變「加工貿易」為合作或合資企業經營，增加產品市場的靈活性；或者向綜合成本較低的地方轉移（包括接近市場、土地、勞力相對低廉的地區或原材料供應地）。企業這樣做的目的是降低綜合成本，提高經營效益。為此，企業原所在地政府要引薦不同

地區的不同城市供企業充分選擇，並做好轉移的善後工作。而企業承接地至少要具有比原投資地明顯的特色和優勢。同時，政府要克服地方本位主義，解放思想，轉變觀念，為企業著想，實事求是，做好服務。

第五種模式是「企業整合型」。這種模式產生的動因是同業在低水平上競爭激烈，既增加了企業的外部交易成本，又浪費了市場資源，更嚴重的是影響了顧客價值的實現。對此，企業應重新定位自己在產業鏈上的位置，做好上下游整合；依據價值鏈體系建立策略聯盟，作水平整合，或者幾家同行業企業重新分工定位，作垂直整合。最終，使各企業可以充分發揮自己的優勢，在提升整個行業的競爭力的同時，提高每個企業的市場競爭力。對此，政府要尊重和支持企業的做法，做好各企業的協調工作，用前瞻思維和創新精神來促進這種模式的建立。

第六種模式是「產業改造型」。即企業放棄原來從事的行業，進入具有更高附加值的行業。例如由低層次製造業轉為現代農業或現代服務業，或者由製造業的某一行業轉向另一行業。企業在這種模式的轉型升級中，要利用好自己積累的經驗或發揮自己的專長，同時要利用好原有的經營基礎，如建立的銷售渠道和客戶群，著力開闢新的經營領域，以及採取產品的適度多元化策略等。政府要簡化辦事流程，提高行政效能，為企業的轉型升級提供各類訊息服務。上述六種模式可用表2概括。

對企業來說，無論是轉型還是轉移均是一件關係重大的系統工程，這與兩岸產業關聯性和各項政策也有著相當密切的關係，同時也與各地領導的關心和支持力度，與當地產業的創新環境、企業的技術水平、城市的基礎設施、環保、勞工、公共事業的承載能力有著密切關係，這些都是企業能否順利轉型或轉移的重要條件。尤為重要的是

各級、各地政府要提前邁入轉型升級的過渡期，從思想、技術和制度等各方面為台資企業的轉型升級和轉移做好準備。同時要妥善處理台資企業轉移後的設備、廠房和員工的安置問題，真誠幫助台商跨越轉型升級這一關。

表2大陸台資企業轉型升級模式

模式	動因	目標	方式	政府策略
1.市場調整型	1.外銷市場環境變化如人民幣升值，出口退稅降低或取消；2.內銷市場興旺。	開拓內銷市場。	1.調整產品開發方向和營銷方式；2.確定新的市場定位（一、二、三級市場的分工）；3.進一步加強與當地經濟的結合。	1.引薦當地民企與之合作；2.協助開發內銷市場；3.創造良好的公平、公正、公開的市場經營環境，完善相關法規；幫助合鼓勵企業領導人建立起信心。
2.技術提升型	1.現有技術落後，產品檔次低；2.環保未達標	1.開發新產品，力爭「精品」和「特色產品」，形成品牌，提高市場佔有率；2.實現「兩高」企業目標，爭取科技企業稅收優惠，提高競爭力。	1.加強自主研發或與科研院所及高等學校合作開發新產品；2.培訓提高現有員工素質；3.改進生產流程，提高管理水平；4.發展循環經濟。	1.推薦人才，與科研院所結成合作伙伴；2.營造自主創新的環境和推出鼓勵創新的政策；3..提供融資支持。
3.產品綑綁型	單一企業的產品缺乏良好的市場銷路。	把幾百家或上千家企業的相關聯產品(包括同質或異質產品)綑綁在一起，放在同一個市場內銷售，用擴大規模和降低費用來增強市場競爭力，從而提高每一類相關產品的市場佔有率。	擁有關聯產品的企業簽訂銷售合作協議。	1.提供市場優惠條件，組建統一賣場；2.組織相關企業，做好協調服務。

續表

模式	動因	目標	方式	政府策略
4.企業新生型	轉變經營型態(如「加工貿易」政策的調整)引發了對改變「加工貿易」經營型態的思考。	1.降低綜合成本；2.在轉移中實現轉型；3.提高附加價值；4.改變市場目標，外銷轉內銷。	1.在原地變「加工貿易」為合作或合資經營企業，增加產品市場的靈活性 2.向綜合成本較低的地方轉移(包括接近市場、土地、勞力相對低廉的地區或原材料供應地)。	1.企業元所在地政府引薦不同地區的不同城市供企業充分選擇，並做好善後工作；2.企業承接地至少要趕上或超過原企業所在地的投資環境；3.解放思想，轉變觀念，實事求是，做好服務，提高政府辦事效率。
5.企業整合型	同業在低水平上競爭。	1.按分工做好上下游整合，完善產業鏈；2.按技術檔次建立策略聯盟；3.降低綜合成本，增強競爭力。	1.幾家同行業企業需要重新分工定位，作垂直整合；2.幾個同行業企業建立「策略聯盟」，作水平整合。	政府要尊重和支持企業，要具有前瞻思維和創新精神，克服本位主義，鼓勵企業整合。
6.產業改造型	放棄原來從事的行業，追求更高附加價值。	1.由低層次製造業轉為現代農業或現代服務業；2.由製造業的某一行業轉向另一行業。	1.利用自己累積的經驗或發揮自己的專長；2.利用原有的經營基礎，如建立的銷售管道和客戶群，開闢新的投資領域；3.產品的適度多元化。	1.提供訊息；2.提高政府辦事效率

四、立足轉型，提升自身競爭力

台資企業要認清形勢，堅定信心，立足轉型，著力提升自身競爭力。在國際產業分工趨勢的推動下，台資企業紛紛來大陸投資設廠，這對大陸改革開放和經濟建設造成了積極而重要的作用，對促進兩岸經濟關係發展和共同繁榮、維護兩岸和平穩定大局具有重要意義，也對建立國際產業分工正常秩序造成了積極的作用。產業結構調整和宏觀政策措施的實施是貫徹科學發展觀的必然要求，也是促進經濟又好又快發展以適應國際經濟全球化新形勢的必然選擇。這些措施必將成為台資企業未來轉型升級、增強企業綜合競爭力的外在壓力和推動力。

　　我們認為，台資企業轉型升級最關鍵的就是要重新打造自己的核心競爭力，這也是轉型升級的最終目標。首先，也是最重要的是，競爭力的塑造需要動力。無論是「亡羊補牢」，還是「未雨綢繆」，都需要動力，那就是大陸經濟快速崛起所帶來的新商機和廣闊的發展空間，如大陸二、三級市場的大幅開放就是實證。所以，只要把握機遇，成功就在眼前。其次，要深信競爭力是可以提升的。台資企業在大陸經過10～20年的奮鬥，都具備了體現本企業特色的競爭力，這都為企業「更上一層樓」積累了寶貴經驗，也為企業發展的新起點打下了良好基礎。再者，企業競爭力是可以創造出來的。ECTA已經簽訂，且兩岸都高度重視台資企業面臨的各種挑戰，提出了一系列積極措施，企業可以充分利用這些有利條件，揚長避短，激發出新的競爭力。我們相信台資企業在順應當前世界經濟格局大背景的前提下，一定能夠在大陸成功轉型升級，並進一步在構建兩岸和平發展大局中發揮更為積極有效的作用。[47]

第八章　兩岸農業合作

　　兩岸農業交流開始於1979年，當時主要以海上民間小額貿易方式來進行農產品的交易。在以後的三十年中，兩岸農業的交流與合作從形式到內容都有了很大發展，取得了一系列的成效，但同時也呈現出單向、自發、無序和進展相對緩慢的特點。在兩岸和平發展的新形勢下，探討如何改善兩岸農業交流合作的環境，使兩岸農業合作的成果真正造福兩岸農民，特別是有效幫助台灣農業提升競爭力等，是非常有意義的。

一、兩岸農業投資與農產品貿易

　　台灣對大陸的農業投資和兩岸之間的農產品貿易是兩岸農業交流與合作的重要成果。

　　（一）台灣對大陸的農業投資

　　1985年10月，台胞邱伏對在福建漳浦註冊成立了一家水產養殖公司，此舉被學者稱為兩岸農業合作的先聲[48]。經過二十多年的發展，截至2008年年底，在大陸投資發展的台資農業企業有5900多家，投資大陸農業的台資總額達69億美元[49]，投資領域包括種植業、漁業、畜

牧業、食品飲料、飼料加工、木竹等。

台灣對大陸的農業投資主要有以下幾個方面的特點：

第一，單向性和自發性。首先，台灣至今仍限制對大陸農業種植業的投資，除食品、飼料、畜牧業等少數產業外，台商在大陸投資的農業種植業項目均出於台商個人「自發」的行為。因此，在種子、技術、銷售等各個環節上均不規範，潛在的風險較高；其次，兩岸自2009年4月達成「陸資入島」的共識之後，台灣向大陸開放的三大類192項陸資入台項目中也並未涉及農業，ECFA中也未允許大陸農產品入島。事實上，直到2011年底，農業還是不允許陸資向島內投資的項目，單向投資的格局尚未改變。

第二，無序性和波動性。如表1所示，受台灣相關政策的影響，農業投資總額波動比較大。從農業產業鏈上看，農業種植業處於上游原料生產的地位，台灣對此嚴加控制。自台灣1987年11月開放台胞赴大陸探親以來所掀起的第一波投資熱潮（1988～1992年）中，少量經營農產品的台商開始在海南等地「偷偷」種植「反季節」瓜果和蘆筍作物，有些還從事水產養蝦等活動。台灣食品業「龍頭」企業統一集團於1992年率先在新疆烏魯木齊以當地品質優良的番茄為原料，公開投資番茄醬生產項目，產生了相當大的影響。之後，食品業中的一些中小企業紛紛到大陸考察，如旺旺、頂新等，並相繼來大陸投資以米麵為原料的食品加工業。

1992年，鄧小平同志南方講話之後，大陸加大了對外開放的力度，台灣中小企業掀起了投資大陸的高潮。同時，從1992年開始，台灣的民間農業和漁業組織相繼來大陸與農業部門聯繫，積極推動與大陸的務實合作，雙方在認真調研的基礎上確定了分別在海南、福建、浙江等地，實施涉及海上漁船補給、水產品加工、水果栽培技術等方面的合作項目。僅1993年一年，台商對農業的投資額就超過了1992年

以前數年的投資總額，食品及農產品加工業所占比重隨之上升，到1994年，占了台商投資大陸總投資額的15.16%。

不久，李登輝利用所謂的「千島湖事件」，嚴令禁止兩岸所有的農、漁業交流與合作項目，這嚴重打擊了兩岸農業合作的良好勢頭，反映在1995、1996兩年台商的農業投資只占總投資額的0.20%和0.58%[50]。

大陸方面為了推進兩岸農業合作，從1995年開始研究設立兩岸農業合作試驗區，2000以後研究設立了台灣農民創業園，為台灣向大陸投資農業種植業創造條件。但是受限於政策，台灣投資大陸農業的主體至今還不完全是台灣的農民或農會組織，而是投資於農業生產、加工或流通領域的台商，因此投資的布局基本上是無序的、隨機的，與台商本人的「興趣」和他們與台灣農業的聯繫及掌握的資源有一定的關係。

表11 993～2008年被核准的台灣對大陸農業和食品業[51]直接投資情況表

年份	農業 投資額（千美元）	農業 占對大陸直接投資總額的比重(%)	農業 項目數（個）	食品業 投資額（千美元）	食品業 占對大陸直接投資總額的比重(%)	食品業 項目數（個）	農業和食品業 投資額（千美元）	農業和食品業 占對大陸直接投資總額的比重(%)	農業和食品業 項目數（個）
1993	29568	0.93	152	324555	10.24	791	354,123	11.18	943
1994	9464	0.98	13	145846	15.16	73	155,310	16.14	86
1995	2149	0.20	4	117447	10.75	32	119,596	10.94	36
1996	7100	0.58	3	121702	9.90	30	128,802	10.48	33
1997	48646	1.12	210	333073	7.68	1151	381,719	8.81	1361
1998	21025	1.03	24	70045	3.44	57	91,070	4.48	81
1999	4629	0.37	5	58250	4.65	19	62,879	5.02	24
2000	5752	0.22	6	43253	1.66	10	49,005	1.88	16
2001	10389	0.37	6	58420	2.10	26	68,809	2.47	32
2002	28670	0.43	47	152939	2.27	93	181,609	2.70	140
2003	37270	0.48	54	353050	4.59	105	390,320	5.07	159
2004	3722	0.05	5	89594	1.29	34	93,316	1.34	39
2005	7893	0.13	4	53430	0.89	28	61,323	1.02	32
2006	8960	0.12	3	99708	1.30	20	108,668	1.42	23
2007	17104	0.17	8	71648	0.72	14	88,752	0.89	22
2008	15558	0.15	4	240222	2.25	24	255,780	2.39	28

資料來源：《Taiwan Statistical Data Book 2009》Councilfor Economic Planningand Development，Executive Yuan，R.O.C.（Taiwan），June2009。

　　第三，從總體上來看，台商對大陸的農業投資偏向於食品加工業，而投資於農業種植業、漁業、畜牧業等領域的金額相對偏低（如表圖1所示）。可以看出，從1993年到2008年台商農業投資額雖有波動但變化不明顯。江蘇是兩岸農業合作的重要省份之一，從2005年台商投資江蘇農業的分行業情況可以看出，台商農業投資的領域主要是農產品加工業，其中又以食品加工、園藝加工及種植為主。如表2所示。

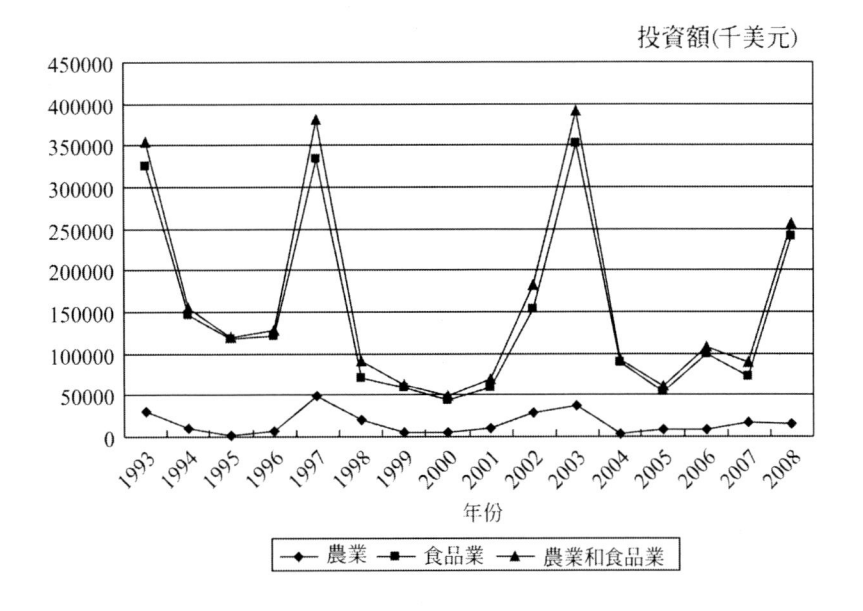

圖11 993-2008年台灣對大陸農業和食品業直接投資變動圖

第四，農業投資以大陸內銷市場為主。台商投資農產品加工業和食品業以開拓大陸內銷市場為主要目的。許多台資企業，如「康師傅」、「統一」、「旺旺」等企業的產品已在大陸擁有很高的市場占有率，品牌價值已經顯現。

第五，農業投資企業以獨資為主。2005年、2006年台商投資江蘇農業企業的獨資經營情況如表3所示。從項目個數、總投資額、合約金額和實際到帳金額四個方面考察，獨資經營的比例都在70%以上，這種現象反映了兩岸農業合作中的一個不足之處，即台灣在大陸投資的農業項目對大陸農業、農村和農民的輻射作用比較弱。

表2 2005年台商投資江蘇農業的分行業情況

投資行業	食品加工	園藝加工及種植	畜禽養殖及加工	林產品種植及加工	水產品加工	其他①
項目各數	29	31	9	14	3	51
實際利用金額(萬美元)	3494.00	2050.5	512	758.48	224.2	3376.41
占總利用金額比(%)	33.55	20.69	4.92	7.28	2.15	32.42

注①：這裡的其他包括蠶繭加工等幾種前面未包括的行業以及一些帶有綜合性質的農業投資。

資料來源：杜強，《兩岸農業投資合作分析：以江蘇省為例》，《管理觀察》2008年第10期，第204頁。

表3台商投資江蘇農業企業獨資經營情況

單位：萬美元，%

年份	項目個數	占比	總投資額	占比	合同金額	占比	實際到帳金額	占比
2005	99	77.3	27704	85.5	26844	87.1	7328	70.4
2006	91	75.8	38292	80.5	36781	82.9	5125	72.0

資料來源：蔣穎：《海峽兩岸農產品貿易依存度分析》，《福建農林大學學報（哲學社會科學版）》，2006年第3期。

（二）兩岸農產品貿易

兩岸農產品貿易自1979年至今，經過三十年的發展，貿易額在波動中不斷增加，大陸已經成為台灣重要的農產品貿易夥伴。根據蔣穎的研究，兩岸的農產品貿易依存度有上升趨勢，而且台灣對大陸市場的依賴程度要高於大陸對台灣市場的依賴程度[52]。

表4 1989—2005年台灣與大陸農產品貿易情況

單位：千美元，%

年份	台灣農產品進口總值	自大陸進口總值	自大陸出口總值	出口至大陸總值	出口大陸比例	與大陸農產品貿易順差
1989	6285416	75596	1.20			
1990	6129255	113075	1.84			
1991	6352613	162254	2.55			
1992	7502857	215529	2.87	111	0.00	-215418
1993	7798914	290397	3.72	123	0.00	-290274
1994	8513677	347856	4.27	3773	0.00	-344083
1995	9774010	421870	4.32	5819	0.10	-416050
1996	9986572	380504	3.81	17143	0.31	-363360
1997	9920889	388697	3.92	14557	0.37	-374139
1998	7795197	290493	3.73	22597	0.72	-267895
1999	7630304	279918	3.67	35265	1.14	-244653
2000	7590353	321314	4.23	50455	1.54	-270858
2001	6850690	262199	3.83	48890	1.61	-213308
2002	7.079722	367248	5.19	66350	2.11	-300898
2003	7781961	408694	5.25	175596	5.42	-233098
2004	8833688	501192	5.67	291772	8.22	-209420
2005	9355061	567517	6.07	361064	10.07	-206453
2006	9428077	562832	5.97	430158	13.04	-132674

續表

年份	台灣農產品進口總值	自大陸進口總值	自大陸出口總值	出口至大陸總值	出口大陸比例	與大陸農產品貿易順差
2007	10455936	711812	6.81	430740	12.54	-281071
2008	12121177	717796	5.92	436465	11.33	-281331

資料來源：台灣「行政院」農業委員會台灣農產品外銷網http://trade.coa.gov.tw61。

兩岸農產品貿易主要表現為以下幾個特點：

第一，兩岸農產品貿易在波動中不斷發展，貿易量不斷擴大，但總的來說發展緩慢。如表所示，台灣自大陸進口總值由1989年的0.76億美元增加到2008年的7.17億美元，自大陸進口比例也由1989年的1.20%提高到2007年的6.81%。同時，出口至大陸的農產品總值由1995年的11.1萬美元增加到2008年的4.36億美元，達到歷史最高水平，出口至大陸的比例從2005年到2008年一直保持在10%以上。

第二，台灣農產品貿易對大陸一直保持逆差。如表所示，台灣農產品貿易對大陸一直保持逆差，逆差額在2.06～4.16億美元之間波動。加入WTO之後的2002～2005年，兩岸農產品貿易呈穩定的上升趨勢，表現在幾個方面：（1）台灣農產品自大陸進口總值和比例逐年增加；（2）台灣農產品出口至大陸的總值和比例逐年增加；（3）台灣對大陸農產品貿易逆差逐年減小。逆差由2002年的3.01億美元減小至2005年的2.06億美元，2006年的逆差值達到歷年最低，為1.32億元。但是2007年和2008年，台灣對大陸農產品貿易逆差又有回升，達到2.8億美元。大家清楚，兩岸貿易中台灣處於絕對的順差地位，但兩岸農產品貿易卻例外，台灣處於逆差地位。這是因為在兩岸農產品貿易中，台灣對大陸是採取有選擇的貿易策略。

第三，兩岸農產品貿易基本體現了比較優勢的原則，呈現出較強的互補性。如台灣由大陸進口植物性中藥材、酒類等，而向大陸出口花卉及種苗、熱帶水果、遠洋漁產品、皮革等具有競爭優勢的農產品。

第四，在一些種類的農產品上，大陸已經成為台灣重要的進出口市場。如在牛皮革、豬皮革、羊毛、其他農業產品、羽毛及羽絨等農產品的出口上，大陸是台灣排名第二、三位的重要市場；在玉米、雜類、其他農業產品、牛皮革、棉花等農產品的進口上，大陸也是台灣排名第二、三位的重要市場。[53]2008年，在魷魚、冷凍水產品出口

上,大陸已經成為台灣最大的出口地,占台灣此類水產品出口總值的30.5%;在牛、皮革的出口上,大陸成為台灣僅次於香港的出口地,占台灣此類農產品出口總值的27.2%;在羽毛及羽絨的出口上,大陸是僅次於日本的出口地,占台灣此類從產品出口總值的14.0%。[54]

第五,大陸在台灣農產品對外貿易中扮演越來越重要的角色。1999年,大陸首次進入台灣農產品的前十大出口市場之列(位居第十名),且其名次呈逐年上升的趨勢,2004年,大陸已晉升為台灣農產品十大出口市場的第四名,僅次於台灣農產品傳統的三大出口市場:日本、中國香港與美國。[55]而2006～2008年,中國大陸已穩居台灣農產品出口市場的前三甲(如表5所示)。

表5　2006～2008年台灣主要農產品五大出口市場和進口市場

	排名	1	2	3	4	5
2006	出口市場	日本	香港	中國大陸	美國	越南
	進口市場	美國	澳洲	日本	馬來西亞	中國大陸
2007	出口市場	日本	香港	中國大陸	美國	越南
	進口市場	美國	中國大陸	日本	澳洲	馬來西亞
2008	出口市場	日本	中國大陸	香港	美國	越南
	進口市場	美國	日本	澳洲	中國大陸	馬來西亞

(三)存在的問題

由於台灣的人為限制,兩岸農產品貿易至今仍基本處於「單向」狀態,大陸市場對台灣商品全面開放,台灣卻出於種種考慮,採取了限制大陸農產品進口的政策。《台灣與大陸地區貿易許可辦法》規定了兩岸農產品貿易和投資採取「間接貿易」和「正面列表」的方式進行有限交流,「間接貿易」一直延續到兩岸均加入WTO組織之後的2002年,而限制性的「正面列表」則實施至今。目前,台灣所有貿易

貨品中農產品有2246項，截至2008年2月15日，台灣允許自大陸進口（含有條件進口）的農產品1415項（占全部農產品的63%）[56]。

事實上，政治因素是進一步發展兩岸農產品貿易的最大障礙。台灣在擔心台灣農業技術跟著水果登陸而轉移[57]以及保護台灣農業競爭力、保護台灣農民利益等藉口下，拒絕開展兩岸農業合作與擴大農產品貿易。此外，台美貿易對台灣農產品貿易具有深刻的影響，美國一直是台灣重要的貿易對象，而農產品貿易一直扮演著平衡台美貿易的重要角色。

二、兩岸農業交流與合作平台的建設

（一）各種形式的農業交流

兩岸的農業交流具有廣泛性，從先期以學術研討、技術交流等為主要形式到逐漸進入相互參觀考察的深入階段。

事實上，參與兩岸農業交流與合作的人員在不斷增加，層次不斷提高，範圍不斷擴大，內容不斷豐富。交流的人員除了企業界人士外，還包括眾多的農業專家、教授與農業社團組織，兩岸高層級學術研討會上，雙方主要的官員也以專家身分直接參與交流；交流的內容包括農業發展方向的探討、農業合作模式的討論、農業管理經驗的交流、農業技術、水土保持、農田水利、農產品批發市場建設和運作、農村經濟組織的構架與運作等領域[58]。

關於技術交流，早在1970年代就有台灣部分優良品種經第三地引進大陸。兩岸政策開放後，大陸從台灣引進的種源與優良品種的範圍

和種類不斷增加，台灣也逐漸從大陸引進種源。更多的技術交流還是透過台商投資於大陸農業領域來實現的，這使得大陸在植物培養、脫毒技術、工廠化育苗技術、速凍保鮮、包裝技術、畜產品綜合深加工、有機生物肥等領域取得了較大進展。[59]

目前，兩岸農業的交流與合作除了透過各種形式的論壇、研討會、博覽會等來促進農業技術、農業市場訊息的溝通外，2009年7月20日~22日由農業部海峽兩岸農業交流協會與台灣省農會共同主辦、在上海朱家角鎮舉行的首屆「兩岸鄉村座談——大交流背景下兩岸基層農業交流與合作」活動，則標誌著兩岸農業的交流與合作已經從單純的技術層面和農產品貿易階段步入了兩岸基層農業生產者、組織者直接交流和溝通的新階段。[60]

（二）海峽兩岸農業合作試驗區和農民創業園

雖然在1990年前後，台灣農業開始陸續投資大陸，但受氣候、土壤、環境的影響，投資地域主要集中在海南、福建、江蘇等地，且規模不大，小的只有幾十畝地，大的不過二三百畝地，多以蔬菜、花卉水果和養殖業為主。1991年，筆者隨大陸國務院領導去海南考察，看到了幾家由台灣農民經營的「反季節」甜瓜，品質較好，市場也歡迎，但據說這還不是台灣最好的品種。隨著農業各項交流的展開，大陸對台灣農業有了較為全面、深入的瞭解，再加上這些先期進入大陸投資農業的實踐，也為我們提供了很多經驗，使我們逐漸地對深化兩岸農業合作有了新的思維，於是開創兩岸農業合作試驗區的模式應運而生。歸納起來，成立試驗區的目的有三個：（1）引進先進的農業技術，並使知識產權方面得到保護；（2）創造條件將分散的小規模的農業經營，擴大成規模經營，增強規模效應；（3）結合大陸農村的實際情況，吸收台灣農業組織的某些成功經驗，改善大陸農業經營管理狀況。類似的如海峽兩岸農業交流協會會長於永維高度概括的「四個作

用」：探路作用、窗口作用、示範作用和輻射作用。而「農民創業園」主要是為了方便台灣個體農民在大陸創業而設置的平台。可見，建立兩岸農業合作試驗區和台灣農民創業園的目的不盡相同。

　　自1997年7月國台辦、原外經貿部、農業部批准福建福州、漳州兩市為大陸首批海峽兩岸農業合作試驗區起，至今全大陸已有9省（直轄市）相繼成立了海峽兩岸農業合作試驗區。自2006年4月10日，農業部和國台辦批准在山東棲霞和福建漳浦設立了首批台灣農民創業園起，至今全大陸已有8省相繼設立了台灣農民創業園。表6所示為兩岸農業合作試驗區和台灣農民創業園一覽表。

　　這些海峽兩岸農業合作試驗區和農民創業園的建立在促進兩岸農業交流與合作方面取得了良好的成效。到2006年年底，兩岸農業氣體試驗區內約有4500家經營者，占在大陸發展的台灣農業投資企業總數的73%，實際利用台資達50億美元，占台商投資大陸農業實際投資金額的79%左右。[61]各試驗區和創業園從台灣引進了大量優質農產品良種技術，充分利用和發揮項目的帶動作用，形成了規模化的台資集中區。台資農業企業和台灣農民帶來了先進的經濟組織模式、管理經驗，也增進了兩岸人民的感情交流[62]。

表6 大陸海峽兩岸農業合作試驗區與農民創業園一覽表

合作平台	設立時間	審批單位	設立地區
海峽兩岸農業合作試驗區	1997 年 7 月	國務院	福建(漳州、福州)
	1999 年 3 月	農業部、原外經貿部、國台辦	黑龍江(農墾示範區、哈爾濱、牡丹江、佳木斯、大慶)、山東(平度)、海南省
	2001 年 4 月		陝西(楊凌)
	2005 年 7 月		福建省
	2006 年 4 月		廣西(玉林)、廣東(佛山、湛江)
	2006 年 10 月		江蘇(揚州、昆山)、上海郊區
農民創業園	2006 年 4 月	農業部、國台辦	福建(漳浦)、山東(栖霞)
	2006 年 10 月		四川(新津)、重慶(北碚)
	2008 年 2 月		福建(漳平永福)、湖北(武漢黃陂)、廣東(珠海金灣)、江蘇(無錫錫山)
	2008 年 12 月		江蘇(南京江寧)、廣東(汕頭潮南)、雲南(昆明石林)
	2009 年 5 月		福建(莆田仙遊)、福建(三明清流)、安徽(巢湖和縣)、江蘇(淮安淮陰)

根據http://www.chinataiwan.org/zt/jlzt/agricultural20y/cyy/與http://www.china-taiwan.org/zt/jlzt/agricultural20y/syq/整理。

儘管海峽兩岸農業試驗區和台灣農民創業園在許多方面取得了顯著的成效，但是也存在一些問題，使得園區的功能沒有得到充分的發揮。筆者根據對海峽兩岸農業試驗區和農民創業園的實地走訪，發現主要有以下幾個方面的問題：

第一，園區定位模糊。不少地方已將兩岸農業合作試驗區悄悄地變成了當地政府對外招商引資的新平台，投資的並非全是農業或與農業相關的企業，各行各業的企業都有，與經濟技術開發區區別不明顯。政府在招商的過程中，不一定要台資企業，只看實力，誰的實力強誰就可以到園區來投資。因此，有些園區50家企業中台資企業不到10家，而且主要以內資為主。

第二，政府扶持政策不到位。無論是「試驗區」還是「創業園」，目前均無特殊的優惠政策，加上園區面積一般都只有幾平方公里到幾十平方公里的範圍，區內農戶遍布，較難形成整塊可耕地，因此有人形容園區是「無政策、無優惠、無支持」的「三無」園區。由於實際能用的土地比較少，建設必要的基礎設施還需搬遷農戶，使得可出讓的農地成本過高，同時當地政府希望引進技術和管理水平較高的項目，但一些台資企業又達不到要求，就只好放棄了。事實上，由於缺乏比較利益及農業投資回收期長等因素，再加上農業貸款沒有保障，農業投資不是企業的最優選擇。而真正有意前來大陸投資農業的也絕非財團、農業企業，而是「小農戶」，但由於土地成本太高，他們不一定會選擇「農業合作試驗區」和「農民創業園」。這表明「園區在替有意前往大陸投資的台商、台農排除各種投資障礙，降低其農業項目投資風險方面做得還很不夠」。[63]

第三，沒有真正體現出「合作」。在試驗區內，很多台資企業都是獨資經營，試驗區只是負責提供基礎設施，台資企業的技術溢出效應低，同時區內的農業和區外的農業並無聯繫，甚至於區內有些台農害怕區外大陸農民「偷學」技術而採取「封閉」政策，並沒有真正體現出兩岸農業的合作關係，更談不上合作的成效。

第四，發展觀光農業中的土地問題。現在許多城市對農業發展的定位是發展都市農業，因此借鑑台灣的成功經驗在試驗園內發展休閒、觀光農業，而發展休閒、觀光農業就意味著會有餐廳、招待所及其他必要的配套設施，而這些設施所占用的土地並不屬於農業用地，為了降低用地成本就會千方百計地讓相關服務與農業掛鉤，造成事實上侵占農業用地的情況發生，這是在園區開發和營運過程中存在的一個比較棘手的問題。

第五，對台灣農業知識產權的保護重視不夠，措施不力。目前，

大陸對台灣農業知識產權的侵害問題比較嚴重，搶注台灣農特產品地名、仿冒以及各種商標搶注案件時有發生。這一情況的出現，已嚴重影響了大陸消費者對台灣水果的信心，是今後銷售必須面對的嚴峻考驗[64]。

三、兩岸農業交流與合作的特點和發展趨勢

目前，兩岸農業交流與合作的特點和發展趨勢主要表現在以下幾個方面：

（一）以農產品貿易為主

農產品貿易是兩岸農業交流與合作最活躍的部分，貿易量在波動中不斷攀升。由於兩岸農業內部結構不同，農產品的種類和質量也有不同，所以兩岸民眾對農產品的需求有一定的互補性，這就為兩岸農產品貿易客觀上提供了動力。同時，兩岸又各有其具有競爭優勢的產品，如台灣的水果和花卉，大陸的中藥材、名煙名酒等。兩岸農產品貿易的依存度在不斷提升，2008年中國大陸已經位列台灣農產品出口市場的第二名（見表5）。這一切都還是在台灣對大陸實行嚴格的農產品貿易限制下實現的，因此，未來隨著兩岸政治關係的不斷緩和，台灣對農產品的貿易政策限制會逐步放寬，特別是隨著ECTA的簽訂，大陸單方面在早期收穫清單中同意18種農、漁產品零關稅進入大陸。另外，台灣農產品的特色已逐漸被大陸廣大消費者所瞭解，時節性採購台灣水果等貿易活動逐步制度化，這些無疑對兩岸農產品貿易造成了加速作用，兩岸農產品貿易的前景會更加樂觀。

（二）投資規模相對較小，地區分布不均勻

由於農業屬於缺乏比較利益的產業，投資回收期長，加上台灣在政策上的限制，所以願意到大陸投資農業，尤其是種植業、畜牧業、漁業、林業等農業初級產品的農、漁民並不多。主要是一些早期在大陸投資的台灣中小企業由於轉型而「半路出家」為農業生產企業，以及原本從事食品加工業的農業生產企業，因此投資規模都不是很大。2006～2008年，台灣到大陸投資的農業項目共15個，投資額共4162.2萬美元，平均每個項目為277.48萬美元，僅占台灣對大陸投資總額比重的0.15%。同時，台商對大陸農業投資地區分布不均。2003年經濟投資區域以大陸東南沿海地區為主，主要集中在福建、海南、江蘇、上海、廣東、浙江、山東7個省（市），約占農業投資總額的80%[65]，目前已出現投資重心逐漸向四川、重慶、內蒙古等省市區轉移的趨勢。但是受到大陸人民生活水平日益提升、內銷市場不斷擴大的影響，人們對農產品品質和品種的多樣化要求越來越迫切，激起了兩岸投資者的熱情，投資規模逐漸擴大。並且農業企業對農業生產基地的選擇也更多地與物流、市場條件、當地農業基礎資源相結合，出現了相對集中的新格局，這無疑是今後兩岸農業合作的新趨勢。

（三）規模化經營，發展產業鏈，形成供應鏈，推進市場化

現代產業發展的重要趨勢之一就是一、二、三產界限日益模糊，未來的農業會包括種植、加工、旅遊、培訓、展銷等一系列關聯產業，逐步實現「經營規模化，發展產業鏈，形成供應鏈，推進市場化」，有專家稱其為「『一產』＋『二產』＋『三產』＝『第六產業』」。台資農業企業「公司＋農戶」「公司＋專業合作社＋農戶」「公司＋基地＋農戶」等相關經營模式和理念正逐步滲透到兩岸農業合作中，帶動了大陸農業企業的發展，成為未來兩岸農業合作發展的主要趨勢之一。天福集團就是一個成功的典範。

1992年，在台灣企業經營面臨重大危機的台商李瑞河，到福建漳

浦創建了天福集團。2010年，天福集團在中國大陸開設了967家「天福茗茶」直營連鎖店，天福集團現有天福茶業有限公司茶廠（福建漳州）、天元茶業有限公司茶廠（福建福州）、夾江天福觀光茶園有限公司茶廠（四川樂山）、天仁食品廠（福建漳州）、天福茶食品廠（四川樂山）、安溪天福鐵觀音茶廠、華安天福鐵觀音茶廠、天福龍井茶廠（浙江新昌）、天福普洱茶廠（雲南昆明）等九家生產工廠，兩家茶博物院，兩個高速公路服務區，一個「唐山過台灣」石雕園，全球第一所茶專業高校──天福茶學院。天福集團集茶業生產、加工、銷售、科學研究、文化、教育、旅遊為一體，是當前世界最大的茶業綜合企業[66]。

（四）發展精緻農業、特色農業、休閒農業

發展精緻農業、特色農業和休閒農業是未來兩岸農業合作的又一個趨勢。從1965年成立第一家觀光農園開始，台灣休閒農業已經走過了30多年的發展歷程，特別是到1980年代以後，台灣休閒農業發展迅速，呈現出觀光農園、市民農園、教育農園、休閒農場、休閒森林、休閒民宿等多元化的發展形態。近年來，台灣又將休閒農業的發展目標定位在「國際觀光水準」上，休閒農業由簡單的觀光農園發展到綜合性的休閒農場、休閒農業區[67]。雖然台灣土地面積有限，但這類觀光農業園具有「小而優」、「小而特」的特色。因此，台灣發展休閒農業的成功經驗將成為兩岸農業合作的又一亮點。台商王九全在江蘇崑山創辦的「星期九農莊」已經被打造成為海峽兩岸農業合作的「優秀試驗田」，2009年6月9日正式被命名為海峽兩岸農業合作試驗區首個示範點。

星期九農莊又名「星期九休閒生態農莊」，農莊實行多元化發展，集生態美食、動物、蔬果採摘、特色餐飲、香草、花卉於一體，幾乎融合了所有農莊的休閒功能。與其他農莊的不同之處在於，它不

僅提供了休閒渡假場所，還運用了台灣的很多先進農業科技，如廣泛使用已經獲得多國專利的游龍播種器和「醋菌」，從而提升自身產品的品質[68]。農莊雖然規模不算大，但堪稱形成了「小而特」、「小而美」的農業新形態。

四、如何改進、提高兩岸農業的合作水平

兩岸農業雖然處於農業發展的不同階段，但都是小農經濟。因此，無論是馬英九上台後積極倡導的「小地主大佃農」[69]的政策，還是大陸各級政府為解決「三農問題」而採取的各種措施，如實施土地流轉、頒布《農民專業合作社法》等，最終的目的都是相同的，那就是提高農業生產力，維護農民的利益，提高農民的生活水平。因此，兩岸農民有共同的處境、共同的需求，同時也面臨共同的挑戰，如何對兩岸農業進行合理的分工，優勢互補，使兩岸農業有更好的發展前景、兩岸農民過上更幸福的生活，應該是兩岸農業合作的最終目標。如何改進、提高兩岸農業合作的水平，我們認為應該做好以下幾方面的工作：

（一）合作主體回歸到兩岸農民，避免被商人操縱

目前兩岸農業合作應該說有了一定的基礎，但合作的主體雙方都不是農民，只有真正讓農民到位才可能使兩岸農業合作有序、可持續地發展。所謂讓農民到位並非指一切都由兩岸農民操作，而否定政府和相關農業組織在技術、通路、管理等各個環節的作用，而是指要讓兩岸農民直接參與交流合作，並成為主要受益者。這應該成為兩岸農業合作的主要目標和當前要共同努力解決的根本問題。農業是農民賴

以生存的產業，改善農民生活是兩岸共同的願望，從這個意義上說，兩岸農業合作不能只有商人獲大利，而農民僅靠力所能及地提供初級產品獲小利或微利或僅僅拿到一點工資而已。要改變這種狀況，可以考慮讓台灣農民把所掌握的技術透過正常渠道直接轉讓給大陸農民並獲得相應的「權利金」，而大陸農民可以透過轉讓得到的技術增加利益（這種技術有多大價值，大陸農民可以自行判斷）。兩岸農業合作試驗區可以發揮試驗和輻射的功能，使促進大陸農業發展和提高農民收入成為試驗區一個必盡的職責，這種機制應該盡快形成。這就要求相關地方各級政府導正試驗區建設的方向，採取更加務實的措施，多替有意前往大陸投資的台商、台農著想，排除各種投資障礙，降低其農業項目投資風險，如推行農業保險制度、建立農村訊息服務體系、協助台灣農產品進入大陸市場等。同時逐步形成技術推廣服務體系，幫助周邊農民掌握新技術，指導建立新的農業經營模式，樹立市場觀念，尊重知識產權。另外，從台灣進入大陸的農產品應該儘量減少中間環節，降低銷售成本，由農民獲得更多的實際利益。透過這些方面的努力，為促成兩岸農業合作創造良好的環境。目前，有些地區已經採取了一些相關的政策措施為台商、台農服務。如2009年5月，福建省通過大陸首個對台農業合作地方性法規，明確賦予台灣同胞同等待遇，並對台胞融資、用地等問題作出規定。[70]

（二）建立以市場為導向的產業合作模式

台灣在一些農產品（如花卉、水果等）技術的研發與傳播、農業金融制度、農業推廣體系、土地經營方式、農產運銷制度、農業社會化服務等方面有一定的優勢，但是台灣農業發展以內銷為主，對島外市場重視不夠，開發不足。雖然近年來台灣所產優質農產品的海外促銷已略有績效，但也凸顯實施灣農產品海外營銷面臨的諸多問題，如欠缺對大陸水果市場及銷售通路的瞭解，更缺乏以外銷為導向的穩定

供貨結構等。因此，兩岸應該建立以市場為導向的產業合作模式，以市場潛力大、消費水平不斷提高的大陸市場為依託，充分發揮各自的比較優勢，儘量避免兩岸農業因生產結構相同、貿易結構相似、國外市場相近所導致的惡性競爭，共同拓展世界農產品市場。[71]

（三）進一步拓展兩岸農業合作的空間

兩岸農業技術交流在範圍、規模上都取得了非常大的進展，包括種植業產品、養殖業產品、畜產品、水產品等農業技術本身，還包括一些設施等。但是合作的深度還不夠，尤其是在一些關鍵的技術和品種的引進上，還沒有建立一個正常的制度化渠道。

未來兩岸農業技術的交流除了在已有的基礎上繼續深化之外，還應該包含農業管理、農田管理[72]。

台灣的農民本身不掌握資金、技術、市場，主要依靠農會形式的群眾組織的幫助進行農業活動。台灣的農會制度運作已經非常成熟，農業生產指導、農業技術推廣、農業生產資料的供應、農產品供銷渠道以及所需資金的運作，全部由農會來組織和執行。在這方面大陸也應該加大和台灣開展合作的力度。

因此，推動兩岸農業基層合作組織之間的交流與合作也是未來兩岸農業合作的重要方向之一。2009年7月，在上海舉辦的首屆「兩岸鄉村座談——大交流背景下兩岸基層農業交流與合作」活動中，兩岸60個鄉村結成30個幫扶合作對子。結成幫扶合作對子的鄉村將依據各自特點，開展更有針對性、更深入的交流與合作。活動中，台灣省農會總幹事張永成宣讀了五點共同建議：構築兩岸基層鄉村定期對話交流平台；建立日常協調溝通工作機構，切實維護和發展兩岸農民利益，加強兩岸農業傳統文化交流；促進兩岸鄉村「結對子」。會議還把兩岸豐富多彩的民俗、藝術、文體等鄉土文化列入了農業交流的內容[73]

中,這表明兩岸農業的交流與合作已經開始進入了一個新的階段。

(四)充分利用台灣的農業技術,但要保護台灣農業的知識產權

近半世紀來,台灣在農業科技的發展上已創造了許多堪稱世界典範的例子,諸如高接梨、冬季葡萄及蓮霧、香蕉與蝴蝶蘭組織培養、熱帶水果產期調節的應用、白毛鴨、三品種雜交豬的培育、魚蝦類人工繁殖、近海箱網養殖技術等,特別是生物科技的演進對農業發展產生了深遠的影響,主要成果包括品種改良、動植物病蟲害防治、生產及管理技術的改進、農業生物技術研究的開發與應用等方面。因此,大陸應該透過兩岸農業合作,充分利用台灣先進的農業技術,加強與台灣農業科技發展中重點領域、優勢農業科技、作物種源及微生物資源以及農產品質量安全技術等方面的合作[74]。

在引進台灣先進農業技術的時候,最關鍵的一個問題就是要切實保護好台灣方面在相關技術上的知識產權。台灣一直堅持不開放農業向大陸投資的政策,這迫使台灣一部分有意願到大陸投資農業的企業和個人將投資活動轉入「地下」。據瞭解,有的夾帶種子到大陸播種,有的將果樹苗、枝「偷運」到大陸,有的還將在大陸生產的茶葉等農產品透過「特殊」管道返銷到台灣,並以台灣高山茶、洞頂烏龍的品牌出售。這些行為嚴重侵害了台灣農民的利益,挫傷了台灣研究人員的積極性,大陸政府已經注意到這種情況並在加強相關的工作。2006年,國家工商行政管理總局頒布的工商公字【2006】172號《關於制止和查處假冒台灣水果行為的通知》和工商標字【2006】202號《關於加大台灣農產品商標權保護力度,促進兩岸農業合作的實施意見》兩個相關文件的頒布就是一個明證,今後應該進一步在實際工作中加大執法力度,完善相關法律,為兩岸的農業技術交流創造一個良好的法律環境。

(五)改變單打獨鬥的局面,整合資源,共同研究合作發展的願

景

目前，兩岸的農業合作還基本處於台商、台農單打獨鬥的局面。一方面，台灣在大陸的農業投資大多是獨資的法人形態；另一方面，由於兩岸農產品品種相同、貿易結構相似而在農產品市場上競爭激烈，甚至相互殺價。面對這一問題，兩岸應該坐下來理性地交流，實現兩岸農業交流和合作正常化，在此基礎上逐步整合資源，共同研究合作發展的願景，將大陸的農業資源、勞動力、科學研究成果、廣闊的市場與台灣的資金、技術、管理、農產品運銷經驗等優勢有機結合起來，攜手走向國際市場，以實現真正的合作，並最終實現雙方共同利益。

兩岸農業合作涉及兩岸農民的切身利益，特別在台灣，由於島內特殊政治環境的影響，兩岸農業合作的宗旨和原則已經被扭曲。因此，原本屬於經濟問題的農業反倒成了最為敏感的政治議題。雖然兩岸深入、全面的農業合作不是短時間內可以實現的，但隨著兩岸經濟關係的逐步正常化，兩岸特色經濟合作機制正在加速進行。ECFA的簽訂，使兩岸農業合作的進一步發展迎來了新的契機。

（六）完善制度創新，積極探索合作新模式

如何不斷深化兩岸的農業交流與合作，提高合作的水平？首先是要在現有一系列制度創新的基礎上，經過兩岸相互協商不斷實現和完善制度創新，包括：（1）政策制度的創新，堅持互利開放的原則，保護知識產權和投資者利益，放寬限制，建立兩岸農業交流的正常秩序，為雙向農業投資創造良好的環境，充分發揮「試驗區」「創業園」等現有平台的作用，分清不同功能，完善相關制度，並使其產生保障、鼓勵、支持的積極作用。（2）組織機制的創新。建立兩岸農業不同部門之間的合作渠道，形成不同區域的專業化合作生產，產、學、研共同開發，建立集產品展示、技術推廣為一體的農業合作基

地。同時，應建立「兩岸推進農業合作協調委員會」，共同謀劃合作大計。（3）運作機制的創新。建立兩岸農產品標準和檢疫制度、農產品貿易市場准入制度與兩岸農產品市場調節機制，實現兩岸農產品貿易的正常化。[75]（4）經營模式的創新。共同建立物流體系，開拓多種形式的經營模式，如大賣場、超市、便利店等。同時，適應兩岸觀光旅遊市場的需要，建立具有地方特色的農產品及產品加工的展銷店。

其次，不斷探索合作新模式。「新」要體現在使兩岸農業真正「合」在一起，表現在農業種養生產及相應的服務體系，包括研發、加工、銷售、教育培訓、金融保險以及相關的觀光旅遊、休閒養生等農業產業鏈各個環節的合作。大陸可以利用台灣農業在農產品加工、通路、經營模式、技術、教育培訓等環節的優勢，採用以下的合作模式：（1）訂單農業（台灣農產品加工企業＋大陸農民）；（2）通路農業（台灣掌握通路的經營者＋大陸農民）；（3）大規模農場式經濟（由台灣農民經營某品種農產品，如花卉、茶葉、甜柿等，自營自銷，大陸農民提供土地、勞動力等資源）；（4）農產品合作社農業（類似於台灣的「青果運銷合作社」、「雞蛋運銷合作社」，任用具有在台灣農會工作經驗的人進行指導）；（5）農業推廣委員會（由台灣具有專業技能和經驗的人員組成，對大陸縣、鄉的農業技術合作研發、農業技術培訓和推廣等工作進行指導）。另外，在農村金融和農業保險的運作制度上，大陸也可以借鑑台灣的經驗，保障農民的利益，促進農業的發展。如果台灣開放大陸投資台灣農業，則雙方合作的渠道、內容肯定會更加豐富。可以設想，兩岸在現有的基礎上加強分工，台灣以技術研發和完善的服務體系優勢成為兩岸共同的「試驗農業」，而大陸成為兩岸共同化市場，並在共同規劃的基礎上打造成一個具有國際競爭力的農業經濟區。

第九章　制度創新是台資企業生存和發展的關鍵因素——崑山調查

　　以台商投資為主要動力來推動經濟發展的崑山，緊緊抓住並處理好與台資企業發展相關的各種關係，以極大的勇氣和熱情進行探索，解放思想的同時以認真務實的態度進行制度性變革，營造出適合於兩岸經濟合作和台資企業生存發展的制度環境，使之成為實現崑山跨越式發展的關鍵。昆台兩地經濟的高度關聯性可以用一組數字來概括——「五六七八九」，即崑山50%以上的財政收入、60%以上的稅收、70%以上的營銷、80%以上的投資、90%以上的進出口都源於台資。[76]

　　崑山歷任主要領導人的作為表明，當地政府在發展開放型經濟的過程中，決定把引進外資的重點選擇在極其複雜又充滿競爭的台灣，確係眼光獨到。事實證明，在昆台經濟關係的發展過程中，當地政府官員所擔當的是政治和經濟方面的雙重角色，即他們既要有政治家的頭腦和胸懷，又要有經濟學家的思維和眼光；既要有企業家的精明和果乾，還要有學者般深入調研和認真探索的精神，並善於利用正當的政府行為實現其經濟發展目標。

　　從2005年開始，台灣「電機電子工業同業公會」透過對大陸各地台商問卷調查所作出的分析，公開出版了「中國大陸地區投資環境與風險調查」的報告。該報告以「市場競爭力」「投資環境力」「投資風險度」「台商推薦度」作為綜合指標的「核心」，對大陸城市進行

評估和排名，列出大陸台商密集投資城市及五大經濟區域的投資環境與投資風險，以供台商在大陸投資布局時參考。2009年，報告按例對大陸「城市綜合競爭力」進行了排名，位列前十位的分別是蘇州崑山、南京江寧、蘇州工業區、天津濱海、寧波北侖、上海閔行、杭州蕭山、江西南昌、北京亦莊、無錫江陰。報告對排名榜首的崑山還著重進行了分析，認為崑山最為突出的是：重視台商的轉型升級，給予台商較多的融資機會，政府輔導政策的有效性和支持力度較強，服務於上海的戰略思想十分明顯等。這些均是崑山多年來備受台商青睞的重要因素。自2009年起直到2010年、2011年，崑山連續三年均被評為第一名，這是自2008年美國次貸危機所引發的全球性經濟危機之後，台商對大陸各地投資環境的評價，它既是廣大台商對崑山應對金融危機各項有效措施的高度肯定，同時也值得大陸其他城市和開發區深思。

一、崑山創新之動力——產業的不斷調整和發展

1992年8月22日，大陸第一個在縣級市成立的國家級經濟技術開發區在崑山市誕生。當時，崑山只是一個在蘇州市管轄下的農業縣，但崑山人卻果斷作出了自費建設開發區的創舉，走上了自我創新並在創新中發展的道路。

很多來訪者都有這樣感覺：崑山很小，僅有927平方公里，不到國土面積的萬分之一；崑山又很「大」，全球14%的數碼相機、40%的筆記本電腦都在此生產。2008年以來，該市還聚集了大陸千分之十七的到帳外資，實現了全國千分之二十四的進出口總額。

崑山的發展離不開國家經濟轉型的制度背景。這個制度框架推動了機制創新和環境創新，為崑山的發展不斷注入新的活力。崑山台資企業大量集聚的過程向我們展現了制度變革的思想脈絡，幫助我們從一個側面得到崑山成為台商在大陸最滿意的地區之一的原因，也讓我們重新認識到，政府不斷創新和優化投資環境對推動兩岸經濟關係逐步深入發展所造成的積極且重大的作用。

（一）從產業轉型到產業升級

從1980年代至今，崑山產業經歷了「農轉工」「內轉外」「散轉聚」「低轉高」的創新演變歷程。這是一段從產業轉型開始，走向產業升級的艱難歷程。

「農轉工」是崑山經濟發展的奠基石。崑山在歷史上從來就是一個農業經濟縣，直到1980年代，崑山大力發展二、三產業，比重分別在1983年和1991年超過農業，從而實現了「農轉工」的歷史性跨越，並為促進崑山下一步發展開放型經濟奠定了基礎。

「內轉外」是崑山創新階段的重要方針。崑山與當時蘇南地區眾多鄉鎮工業發達的縣市相比算不上先進，但是崑山率先實施外向帶動戰略，廣泛動員群眾積極參與對外招商引資活動，取得了意外的效果。1995年，崑山當年外資及台、港、澳資企業完成工業產值占全市工業產值的比重達到了41.6%。顯然，外資開始成為崑山經濟增長的主要動力，從而實現了「內轉外」格局的關鍵性轉變。

「散轉聚」是崑山產業的重要拓展階段。這一時期，崑山不失時機地在擴大利用外資領域的過程中，加大對台招商力度，並在發展中引導和提高台資產業的集聚度。新世紀以來，前來崑山投資的台資企業涵蓋了多個產業領域，比較分散，如IT硬體的零配件有富士康，電路板生產有南亞電子，電腦主機板生產有滬士電子、微盟電子，筆記本電腦生產有仁寶、緯創、神達、倫飛等，光電產業有龍騰電子，數

碼相機有彩晶科技,光盤製造有滬錸光電,醫藥方面有永信製藥,辦公家具有優美集團,汽車零部件有正新橡膠、建大輪胎、六和機械,自行車有捷安特,食品行業有統一企業等。但幾年下來,在崑山市的用心引導下,逐步歸攏到以電子訊息、精密機械製造等為主導產業的發展新階段,實現了「散轉聚」的階段性變化。

當今國際產業化發展的三大趨勢之一是集群化,而現今崑山工業園區內,產業特色鮮明,專業化分工明確,企業間有明顯的關聯性,他們能夠充分享用公共產品,獲取有價值的技術和市場訊息。崑山實際上已經基本形成了國際產業化發展的「集群化」格局。

「低轉高」是崑山實現自主創新重要戰略的關鍵時期。早期進入崑山的產業雖然相對來說在技術層次上比珠三角地區要略高一籌,但總體水平仍處於「代工」為主的階段。因此,產業的轉型升級始終是崑山領導高度重視的問題,他們不滿足於現狀,及時提出了「主導產業高端化、新興產業基地化、優勢產業品牌化」的目標,著力實現崑山經濟由「先進製造」向「研發創造」的發展方式的轉化。

2005年以來,崑山產業領域和園區環境發生了重大變化,形成了「三大開發區、十二個特色產業基地」的產業格局,為崑山經濟「低轉高」提供了良好的基礎條件。其中,崑山經濟技術開發區以創新型、龍頭型項目為主,崑山高新技術開發區則以發展新技術、新能源、新模具等為特色,而花橋開發區則以發展現代服務業為先。在此基礎上,崑山又形成了12個特色產業基地,如光電產業園、小核酸、機器人、裝備製造產業基地等。特色產業基地裡面包括幾個非工業園區,如海峽兩岸農業合作示範區、科技教育園區等。目前全市工業產值大約有99.9%以上都來自各類工業園區。

從2005年開始,崑山開發區有計劃地在大約1500畝的土地上實施「騰籠換鳥」的策略,將「低轉高」納入到與時俱進的規劃之中,這

在當時是具有長遠戰略眼光的一大舉措。目前，在崑山開發區6.18平方公里的核心區域中，已搬遷轉移附加價值較低的勞動密集型企業40多家，轉移各類勞動力兩萬人左右。然而，這並非是權宜之計，而是從有關企業長久發展考慮，幫助他們建立合理的退出機制，尋找新的發展空間，使事業得到延續。對於區內符合新的產業升級發展方向的企業，又促使他們增資擴股，並推行契約式服務，以達到追求實效、節約資源的目標。目前，與崑山開發區簽訂契約式服務的企業有30餘家。這是一種可持續發展的創新模式，使崑山開發區在增量土地指標逐年減少50%的情況下，仍保持了每年新增註冊資本10億美元、到帳外資8億美元、註冊民資12億元的業績。其中，企業增資部分占新批外資項目的45%左右。

（二）從產業集聚到產業鏈形成

台資產業集群的存在，為崑山進一步形成產業鏈夯實了基礎。崑山開發區凸顯了以台資為主的經濟與產業的高度集聚，並逐漸形成了以電子訊息、精密機械、新型材料、精細化工和高檔輕紡為重點的五大支柱產業，這五大產業終於成就了今後實現「崑山製造」的產業鏈。其中，電子訊息產業最為集中，這類產業多達800餘家，占台資企業總數的26%，投資總額高達142億美元，占台資企業投資總額的40%以上。從電子基礎材料、覆銅基板、印刷電路板、電子元器件、面板到整機生產，構成了一條較為完整的IT產業鏈。每一環節都有一家甚至多家核心企業。在核心企業的吸引下，圍繞TI產業各個環節，一大批配套企業集聚起來，形成了以核心企業為主導的完善的產業鏈。據初步測算，筆記本電腦共有800多個零部件，其中98%的零部件都由崑山本地供應。客觀地說，崑山已成為全球重要的IT產業重鎮，目前台資企業在崑山生產的筆記本電腦年產量占世界總量的40%，數碼相機占到14%以上，GPS、光盤、手機的份額也在日益增加。

產業的集聚效應和產業鏈的形成，可以使配套廠商近距離合作，這不僅僅可以節約運輸成本和交易成本，同時也便於建立和協調技術創新中的分工合作關係，加快自主創新成果由研發向產業化轉變的速度。崑山市突破了過去在招商引資中簡單地搬來一座工廠的老模式，努力營造一個從研發到銷售的「端到端」的產業鏈，與有關企業客戶構建了密切的戰略夥伴關係。同時著力建設好產業配套環境，逐步將原有以「化工」為主的產業鏈，改換提升為高層次的新的產業鏈。落戶在開發區內「光電產業園」的台資企業——龍騰光電，透過併購建立了自己的軟體研發機構，成立了江蘇省新型平板顯示技術研究院，從而在江蘇形成了一條完整的LCD產業鏈。另外，為進一步完善「銷售鏈」的架構，崑山開發區設法邀請中國內外上游的供應企業、下游的電視機製造、品牌電腦等生產企業來崑山，與龍騰電子企業相互參股合作經營，逐步把龍騰的上下客戶和購銷市場連成了一線。不斷追求產業鏈的完整，提升產業競爭力是崑山創新的核心方式。

（三）從「崑山製造」到「崑山創造」

崑山於2005年就提出了從「崑山製造」向「崑山創造」轉型的崑山發展戰略，這是維持崑山經濟增長的可持續性及崑山主要產業的科技領先性的重要舉措，其核心，便是轉變經濟發展模式和產業轉型升級。就轉變經濟發展模式而言，崑山要使有限的土地資源承載更大規模、更大效益的經濟活動。一方面，政府建立補償機制，對主要「載體」內的工業項目進行合理更換（如陸家鎮曾完成了用3500萬元轉移12家傳統企業，騰出100畝土地，引來兩個總投資達3億元人民幣的項目）；另一方面則提高資本進入門檻，規定了每平方米土地的最低投資限額，全面實行對外「招商選資」的策略，從招商源頭開始，推進產業結構的新調整。在此基礎上，確定了這一時期以發展光電產業和生產性服務業（如發展跨國公司、集團總部、區域總部經濟和國際商務服務業等）為目標，大力提倡台資企業對研發的投入和提升研發層

級，努力把崑山打造成為兩岸相關產業合作研發、共創品牌的基地和平台，以此作為崑山產業升級的標尺。

產官學研聯合推進創新開發，是崑山實現「崑山創造」目標的有力支撐。目前，崑山許多企業已經與100多家高校科學研究院所，建立了有產學研共同參與的230多個聯合體，實施諸如人才培養、技術轉化、成果推廣、產品研發、產業基地建設等方面的合作項目，作為對實現「崑山創造」目標的推進。為廣泛吸引與培養人才，崑山採取了許多傾斜政策，積極改善城市公共設施，極力為研發機構的人員創造良好的安居、工作環境。透過幾年努力，崑山台資企業在這一方面取得了明顯成效。據瞭解，在整個大陸，台商投資企業的生產技術90%以上來自於台灣母公司或外國研發機構，而來自兩岸相關機構合作研發的僅占7.82%。但是崑山卻走在了大陸前列，崑山台資企業設有研發機構的比重高達57.4%，遠高於整個大陸台資企業的這一比重，同時還形成了一批擁有自主知識產權和大陸或省市知名品牌的企業。雖然台資企業現有的研發機構多以改進產品工藝為主，尚缺乏全球性產品和通用技術的研發，但應該說崑山已經從「崑山製造」向「崑山創造」邁出了堅實的一步[77]。

在眾多產官學研聯合體中，最突出的是崑山與清華大學的合作。一是與清華大學台研所合作，自2001年起舉辦一年一屆的「崑山海峽兩岸產業合作和發展論壇（崑山）」，為推進兩岸及昆台產業合作獻計獻策。從2005年開始舉辦一年一屆「崑山投資環境創新研討會」，為崑山改善投資環境建言，這些都為開闊崑山幹部、群眾的視野，引進和借鑑外部新的理念，確立新的發展方向，為增強崑山城市的「軟實力」等產生了積極影響。二是與清華大學聯合設立「崑山清華科技園」。據悉，清華大學已正式將清華科技園（崑山）列為承擔國家大學科技園「十一五」規劃中的現代製造創新平台建設單位。它與崑山

其他十大創新載體，正逐步被打造成推動崑山區域經濟從「製造」提升為「創造」的拉動力。

到2008年底，崑山已誕生了9家國家級火炬計劃重點高新技術企業、87家省級高新技術企業、12家知識密集技術密集型企業、19項國家火炬計劃重點新產品計劃項目和220個省級以上高新技術產品，創新技術產業實現產值906億。2009年止，崑山市已有63家企業進入國家級高新技術企業行列。為了打造更加優良的創新環境，更好地保護自主知識產權，維護企業合法權益，崑山還申請成立了獨立的「知識產權審判庭」，為企業和個人創新創業保駕護航。

（四）先進製造業和現代服務業協調疊加發展

企業轉型升級絕對不是簡單的房屋重建，崑山著力推進現有製造業，使之成為先進製造業，在這一過程中，大量為製造業服務的現代服務業應運而生，如電子商務、技術服務、現代物流、技術教育和培訓等。這樣一來，傳統服務產業一枝獨秀的局面開始被打破，先進製造業和現代服務業得到了協調發展。特別是2008年以來，台資企業進軍服務業領域的成果更加顯著。

隨著企業轉型升級的要求越來越迫切，直接為企業和客戶提供各種服務的需求也越來越大，一批製造業企業直接轉型從事了服務業，如從事電子業的神達集團成立了豐達物流、豐揚物流，專門從事貨運代理、轉口貿易、倉儲運輸等業務。弘輝建設開發公司在崑山建設一座台灣工業展覽會館，其目的是為台灣製造企業的產品提供一個展示平台。台灣彰化銀行、大華人力資源公司、宗仁卿紀念醫院等紛紛涉足會展、金融、醫療、諮詢、人力等現代服務業。隨著崑山花橋「海峽兩岸商貿合作區」的正式揭牌，一個以台資企業現代服務業為引領的崑山現代服務業正加大馬力開創新局。以台資企業為基點，以局部地區為示範，崑山政府在先進製造業和現代服務業協調疊加發展理念

的支持下,勇於實踐,開創新的營運模式,並因勢利導給予了實際的支持,使其得到了進一步發展。

　　為積極輔助台資企業的轉型升級,崑山市對此實施了重點扶持。2008年,崑山市實施了《關於推進台資企業轉型升級的若干政策》,共28條,涉及解決台資企業融資難、獎勵企業科技創新、建立輔導平台、加快人才引進等一攬子措施。同時,還設立了「崑山市台資企業轉型升級引導資金」,為台資企業在科技創新、技術改造、發展服務貿易等轉型升級方面提供專項資金扶持,鼓勵企業提升創新能力。台企設立的研發機構,只要被評定為省、市級研發中心或實驗室等,就可得到市政府財政獎勵。在戰勝全球金融危機的關鍵時期,崑山市政府真誠地與台資企業共度時艱,以繼續保持台資企業的優勢和競爭力,對其成功轉型升級給予了極大幫助。

　　崑山市領導說,「政府要對廠門內的事少管,廠門外的事多管」。[78]這是他們將政府職能由「領導」轉變為「服務」的基調,他們據此要求政府各部門更加密切關注企業的變化,要比企業想得更多。為此,崑山還建立了領導團隊與台資企業聯繫制度,以便及時瞭解台資企業生產經營情況,未雨綢繆,共同應對各種挑戰。為了再一次給企業「減負」,崑山從2008年9月1日起,對企業取消和停止徵收了27個收費項目,建立了行政收費零增長的激勵約束機制,實現了全市收費總額的負增長。2009年執行中央關於增值稅轉型、出口退稅和行政事業性收費政策的調整,當時預計可為企業減輕十億元左右負擔。另一方面崑山又為企業「輸血」,崑山市財政注資兩億元成立非營利性擔保機構,為成長型企業提供貸款擔保服務,特別是針對產業鏈中處於弱勢地位的中小型企業加以扶持。崑山還專門組織兩次台資企業融資溝通會,溝通會中授信金額達24億元。[79]

　　崑山市在引導台資企業應對國際金融危機時的一大策略就是「外

轉內」。2008年，在崑山出口加工區內的台資企業一舉成立了三家內銷總部公司，三家公司內銷貨值金額達72億元，崑山出口加工區率先邁出的這一步，可以說，這是大陸出口加工區對外貿易政策的一次突破。面對近百億元的內銷市場，這些台資出口代工企業做了一個「外轉內」的迅速轉身。對於一大批出口代工企業來說，內銷市場的開拓如同是雪中送炭，為企業開拓了一條新的出路。

崑山出口加工區內的彩晶光電（崑山）有限公司是受惠企業之一。2001年建廠投產的彩晶光電，一度是全球品牌數碼相機ODM的合作夥伴，擁有原始設計和製造能力，高峰生產年代代工出口產量超過八百萬台。2008年初，在創新理念的促使下，該企業組建研發團隊，掌控芯片核心技術，再向上下游技術延伸。不久，彩晶光電便開發出了具有自主知識產權的數碼相機，創立了擁有自我品牌的相機達七款。這一艱難的轉軌，體現了從單一的出口代工到自創品牌，從代工出口到在出口加工區直銷大陸市場，從「崑山製造」到「崑山創造」的轉型升級過程，也是崑山實行「外轉內」的一件成功案例。

在崑山「外轉內」代工企業轉型氛圍中，台灣寶成集團的崑山裕程鞋業，成立了銷售公司，積極構築屬於自己的銷售網絡。僅一年時間，他們在大陸即布下了3000餘家網點，總共收穫「貼牌銷售」的業務金額達七億元。這樣做，既替世界品牌運動鞋做研發、設計和生產，又成為這些品牌運動鞋在大中華區的全權銷售代理商，一舉兩得。「2008年，裕程鞋業銷售公司已實現在大陸建立一萬個銷售點的目標，也已在各中等城市逐步建立專營世界品牌運動商品的網絡。裕程鞋業完成了從『貼牌代工』向『貼牌銷售』的成功轉型。」[80]

目前，崑山台資企業的轉型步伐正在加快。在崑山31個省級外資研發機構中，台企研發機構占51.6%；11個中國名牌中，台企占6個；10個中國馳名商標中，台資企業占4個。[81]

隨著改革開放走過30年，崑山市委十屆二次全委擴大會議關於「崑山就是開發區，開發區就是崑山」的理念，其意義和內涵已經發生了深刻的變化。現在，突出這一理念的根本目的，是為了適應新一輪產業轉移和區域布局調整，大力推進崑山各重點園區的功能疊加、資源整合和政策共享，增創開放發展的競爭新優勢，在崑山新一輪科學發展、和諧發展中，進一步發揮開發區的龍頭帶動作用。[82]

　　依靠連貫的政策、周密的工作部署和有力的保障措施，崑山率先推進經濟增長方式的轉變，有力地促進了崑山高新技術產業的發展，促進了「崑山加工」向「崑山製造」、再向「崑山創造」的轉變。2009年，崑山創造了1750億元的地區生產總值，320億元的財政收入，生產了占全球產量42.5%的筆記本電腦，名列全國「百強縣」之首。崑山經濟發展的再次轉型取得了令人欣慰的成就。

（五）從產業配套到合作創新

　　「台資帶民資、民資促台資」是崑山眾多創新理念的又一新特色。大量台資企業進入崑山，給當地民營經濟的發展壯大帶來了難得的機遇。崑山市利用當地產業與台商投資產業相近、兩岸語言相通、文化相同等比外資更為有利的基本條件，及時提出了「外向配套」和「民營趕超」的發展戰略。實行「項目引進來，配套跟上去」策略，積極倡導和鼓勵台資企業幫帶民營企業，民營企業積極為台資企業配套，兩者相互合作，共同發展，並為此設立了專門機構，配備專職人員，不失時機地開展促進配套活動，從而取得了顯著成效。

　　首先是促進了當地產品供應鏈的合理調整，使之成為當地台資企業供應體系中的組成部分，有力拉動了地區經濟的強勁增長。由於當地民營企業所需配套的大都是一些投資規模大、產品檔次高、具有國際市場背景的大型台資企業。為了最大程度地滿足和適應配套需求，促使民營企業不得不對原產品快速進行調整和優化，2000年以來，崑

山市實施的近100個技改項目中,約有90%以上屬於為台資配套的民營項目,技改項目總投資高達十幾億元人民幣。

崑山市民營企業積極為當地台資企業配套,形成了內外資競相發展、互助雙贏的局面,而且這些配套型民營企業已經發展成為該市實施「民營趕超」戰略的生力軍,客觀上成為從「崑山製造」到「崑山創造」的重要「抓手」。許多民營企業在產業升級的同時,一舉走出了從外向配套轉向自主創新的發展之路。在自主創新的催生下,民營企業產品的技術含量也越來越高。

民營企業崑山「創新五金」在為台資企業「禧馬諾」車輛公司配套以後改名為「崑山施耐特機械有限公司」,從最初只能做單一品種的粗加工到現在的多品種深加工,已能為台資企業加工200多種零配件,當年的小作坊如今變成了一個配套齊全的大型加工企業。而震雄電線電纜公司這個昔日規模極小的鄉鎮企業,目前卻是崑山最大的專事台資企業產品配套的民營企業。台資企業富士康公司的銅導體80%來自於震雄,年銷售額達到10多億元,已發展成為全球最大的IT產業銅導體配套廠。諸如此類的例子舉不勝舉。[83]

在與台資企業配套和與台商交往中,崑山民營企業逐漸樹立起誠信第一、質量第一、服務第一、效率第一的「經營之道」,以最大限度滿足客戶需求的理念來經營管理企業,使企業在管理、技術和產品質量上快速達到了中國國內、國際市場水準。為台資企業櫻花衛櫥公司配套的金鹿電機公司,1999年只能做小電機上的一部分零配件,訂單不多。但經過不斷學習和改進,技術水平大幅提高,現在不僅成為櫻花衛櫥公司的穩定客戶,而且又發展成為斯大康、阿里斯頓等其他著名企業小電機的供應商。金鹿公司發明的排油煙機、熱水器中核心部件的微電機一舉獲得國家長城(3C)安全認證。錦溪塑料廠為台資企業捷安特自行車配套,依靠技術進步,科學管理,生產出了成套逆

反射器「夜明珠」產品。該產品先後通過了美國、日本和英國三大市場質量與安全的標準認證，取得了三大國際市場的「準入證」。[84]位於張浦鎮的彩華集團，原先是一家只能生產簡易包裝材料的小廠，自1995年為台資企業統一集團配套以後，連續投資兩億元，多次引進先進設備和技術，大面積進行調整、轉換，配套能力大大增強。目前該集團可為近40家台（外）資企業提供軟塑包裝、電腦雕刻等幾十種高檔產品。

在台資核心企業的帶動下，一些民營企業也陸續走上了研發創新之路。位於千燈鎮的華新電路板集團公司先後建立了崑山市級、蘇州市級技術中心，為企業技術改造、產品研發做了大量工作。2005年12月，華新多層電路板被評為省名牌產品，「高密度多層印刷電路板」產品曾六上「神州號」飛船。亦有一些非配套民營企業，在整個創新氛圍中也紛紛成立研發機構，如「好孩子」童車公司建立研發機構以來，研發人員平均每半天拿出兩項設計，平均每天有兩項新品製作成功。目前「好孩子」擁有近1700項專利。[85]崑山民營企業華恆銲接設備技術有限公司不僅請來業界著名的高級技師，還先後出資，與清華大學等高校合作成立集產學研於一體的聯合機構。凱宮機械2007年把原有技術研究中心升級為技術開發中心。公司每年用於技術研究和開發新品的費用平均占銷售收入的5.3%。透過研發，凱宮機械先後自主開發研製出具有中國領先水平的並卷聯合機和精梳機。這些企業以市場為導向，以高校科技人員研發為依託，走出了一條自主創新之路。

崑山民營的配套領域從零部件生產逐步向倉儲、運輸、訊息等現代服務業開拓，從產品配套向資本技術合作方向發展。目前該市已湧現出一批專門為崑山的台企、外企提供在線檢測、軟體設計和維護、員工培訓等外包服務的科技型民營企業。民資、台資呈現出緊密融合、互補互利的良好發展勢態。外向配套協作是廣大中小企業生存、

發展、壯大的重要出路與途徑，這是已被實踐證明了的一條重要經驗，也是崑山發展開放型經濟的一大創新。[86]

隨著台企、民企產業合作集群逐步發展壯大、產業鏈的延伸和完善，產業配套環境成為崑山受人青睞的又一大優勢。民營企業採取引進—消化—吸收—創新的方法，實現了跟進配套，各展其長，為我所用，共同進步。崑山市以民營企業為主要載體的外向配套產業發展迅速，這些民營企業在配套中生存、成長，成為帶動崑山開放型經濟發展的重要動力，獲得了既能促使台資企業落地生根，又能借助其力量使自身發展的雙重效應。

二、崑山創新之靈魂——服務理念的不斷提升和勇於實踐

政府的創新，首先體現在服務理念的創新上。崑山在服務理念的創新方面結出了豐碩的成果，當地台資企業大大受益。1990年代初期，崑山市政府對台招商引資的舉措主要體現在兩個方面：基礎設施建設和實施優惠政策。但隨著全方位開放格局的形成，各地在基礎設施大幅度改善的同時，政策趨同化，優惠政策效應也相對弱化。要在改善投資軟環境方面闖出一條新路，就要徹底轉變政府職能，大力提高政府服務水平，重點管好「工廠以外的事」，逐漸將建設服務型政府與交易成本低的城市，作為崑山改革與創新目標之一，這也是崑山大力推行制度創新的基礎。此舉，也成為崑山在以後對外招商中顯示崑山「魅力」的最重要因素。

崑山大力宣揚「知商、親商、安商、富商」等創新服務理念，營

造適宜於台商、台資企業的發展環境，這構成了服務創新的核心內容。知商，就是瞭解、熟悉台灣、台商，知道台商要什麼、想什麼和政府應該做什麼；親商，就是以情招商，以誠待商，尊重財富、尊重商人；安商就是不但要讓台商安心投資經營，還要使投資者在崑山安居樂業；富商，就是要讓台商合法經營，多產，多銷，多得利潤。更可貴的是，崑山領導不僅有服務理念，還時刻關心著台商。凡來崑山投資的台商都認為，崑山市的領導可能是大陸「最易見面和溝通」的官員，因為台商都有他們的手機號碼，有事可以直接呼喚。台商有什麼困難，大到項目審批，小到生活服務，包括就醫、孩子上學等，都可以用手機與市領導溝通或請教，一般情況下也都可以得到滿意的答覆或回應。崑山台商與政府的密切互動已成為當地經濟發展的重要因素，事實上這本身就是一種制度和機制創新。機制是制度運行的組織形態和關係形態的總和。機制創新不僅能提高政府內部關係的協調性、通暢度和效率，保證政府能對社會經濟的新變化作出及時而準確的反應，還能提高政府行政的透明度，鼓勵社會公眾關心、監督、參與、建議等。以下一系列措施體現了崑山獨特的服務創新：

（一）專門建立對台資企業服務機構

隨著台資企業的不斷增多，涉台經濟事務（包括各類矛盾糾紛）也愈加繁多。為了實實在在地為台資企業服務，崑山市先後建立了「三個中心」（外商投資服務中心、外商投訴受理中心、外商配套協作中心）和台資企業投訴「馬上辦辦公室」，另外還保持了「兩個渠道」（台資企業協會和定期舉行的台商沙龍活動）的暢通，從而確保了政府和台資企業的經常性溝通。這些機構為台資企業盡心服務，一方面降低了政府與台商溝通的訊息成本，降低了台商的交易成本，另一方面也提高了政府行政效率，切實維護了台灣投資者的合法權益。

（二）積極推行個性化服務

崑山個性化服務是近兩年的創新特色。崑山市委、市政府針對各個企業的特點，不斷創新服務方式，在給予平等服務的基礎上，提出了根據企業不同需要，實行「一業一策、一行一策、一企一策」個性化服務的新型服務理念。其中，有契約式服務、賓館式服務和「一站式」服務，有產前、產中、產後的一條龍服務等，但不管是哪種服務，都要做到「全過程服務、全領域服務、全天候服務」。目前，這種新型服務理念都已深深刻在崑山市公務員的腦海中。從商檢、海關、工商、稅務到醫療、教育、居住等各個領域和層面，投資者都能體會到崑山市人性化服務所帶來的誠信和親和力。崑山的行政服務由原先的「代跑批文」轉換到「降本增效」，據估計，平均為企業節省的交易成本約占企業總成本的5%。政府立足於服務，努力營造交易成本最小的投資環境，進一步密切了政企關係。

為了實現「誠信服務、規範行政、降本增效」的目標，為了保持和不斷提升服務水平，崑山市每年還開展由台、外商投票推選全市「十佳誠信服務單位」的活動，讓台、外商參與監督各部門、各單位的規範運作情況。這些措施在一定程度上提高了政府行政的透明度。

（三）創新服務機制，提高辦事效率

從2007年設立了行政審批服務中心（以下簡稱「中心」）起，崑山市涉及企業的400多項審批事項都集中到「中心」辦理，政府30多個部門在「中心」設立了服務窗口，開展了面對面服務。透過一段時間的實踐後，許多台資企業反映：「中心」的一切都是透明的，辦什麼事該到哪個窗口，收什麼費，收多少，多長時間可以辦完，企業辦事人員和當事人都清清楚楚。

效率和服務是「中心」的主題。「中心」透過由一家審批部門牽頭，抄告相關部門，幾個相關部門同時受理，同步進行，實現從「串聯審批」到「並聯審批」的轉變，企業只要用五個工作日就拿到了要

辦的證件。同時,「中心」還開闢了「綠色通道」和網上審批等辦法,對審批過程前後實施了四次大的「提速」,辦事效率大大提高。目前已經將稅務登記這一項由「承諾件」改為「急辦件」,半小時就可以辦結。

在崑山行政審批中心的工商局服務窗口,有三張「提醒服務明白紙」。一張是提醒已經工商核准登記的企業盡快到有關部門辦理刻章、基本帳戶、企業代碼、稅務登記、資質證書等事項,一張是提醒完成變更登記的企業辦理各種相關手續,還有一張提醒申請註銷企業應該履行什麼樣的手續等,明明白白。把這些提醒內容看完,按照要求提供材料,可以確保企業在承諾期內辦完一切手續。

崑山市質量技術監督局創新工作方法,採取了「檢查預報制」和「首查整改制」等新的工作機制,受到了台商的普遍歡迎,有關台商還特地來信向崑山市的領導表示感謝。

(四)服務至上,打造「效率、效益崑山」

「效能為先,服務至上」,是崑山市政府樹立的基本理念。20多年來,崑山市一直致力於由管理型政府向服務型政府的轉變,每年都推出新的服務改革措施。從1998年「對外商不說『不』,不說不能做,只說怎麼做」,樹立親商服務理念,樹立為納稅人服務的意識,到2000年「親商、安商、富商」及之後不久又增加的「知商」,到2003年「零障礙、低成本、高效率、誠信服務、規範行政」,再到2006年「敢於為創新擔風險、勇於為發展盡責任、甘於為基層作奉獻」,以及2009年「大力提速增效,實現行政收費零增長,增強主動服務意識,營造降本增效促發展環境,想方設法為企業排憂解難」。這一條條既是理念也是決心,更是崑山市牢固樹立的誠信為本的服務宗旨。當下,在各地商務「硬成本」相差不大的情況下,崑山市努力降低行政、辦事、服務等方面的「軟成本」,一直把效率和服務作為

改善投資「軟環境」的精髓進行精心打造,從而使「效率崑山」獨樹一幟。

一個企業如果不能擁有豐富、強大的社會資本,那麼它將會在以後一系列的交易過程中付出昂貴的代價(交易成本)。社會資本一個最重要的屬性就是不可攜帶性和不可複製性。即使是一家著名的台灣大企業來到大陸,它可以將其品牌、技術、資金、甚至職員帶過來,但它也不可能把社會資本一道帶過來。而崑山地區卻能讓投資企業最大限度地降低交易成本,也許,這就是他們在對台招商引資中能與其他地區競爭的比較優勢。

「知商、親商、安商、富商」的社會氛圍,使崑山的投資環境成為一張特色名片,利用這張名片,「以商招商」「以台引台」「以台引外」,已經成為崑山「低成本」招商引資的重要渠道。「便宜」的崑山降低了台資企業的各項交易成本,台資企業的興旺發達又為崑山招商做出了示範。這就是崑山與台商在合作互動中的雙贏。

三、崑山創新之基礎——政府和台商的互動機制

崑山台商參與當地政府決策大多是以「建議」的方式進行,而這種方式卻是創造「昆台」雙方良好互動環境和溝通氛圍的基本形式。成立崑山台灣同胞投資企業協會之後,崑山市政府和台商間的互動進一步得到了加強。自1998年開始,崑山「台協」便以社會組織的形式在改善投資環境中發揮著作用。市政府每年都要邀請「台協」全體理監事就如何進一步改善崑山投資環境的問題舉行座談。例如,2002年崑山進行概念性規劃,市長特地聯繫「台協」,要求協會臨時召開監

理事會議,讓市長報告該規劃的重點。因而,崑山台商對於崑山城市發展和重大的市政建設都有所瞭解,台商對於某些區域的規劃或設計的建議也能得到及時採納。政府還會就政策法規、投資環境、城市管理、交通秩序、社會治安等各個方面與台商面對面進行溝通,至於有些涉及上級政府權限的問題,市領導會代為向上級反映,溝通並爭取解決。台商有可能親身參與崑山社會發展的實踐,因此更有可能作出比較長期的投資規劃和經營決策。日積月累,「台協」與政府的頻繁互動,逐步構築了公眾參與制度創新的社會基礎。

「硬體不足軟體補,政策不夠服務補」,這是崑山市政府在與崑山台商的緊密互動中得出的重要經驗,這個經驗構築了崑山創新的基礎。崑山把制度和機制創新列為政府工作的核心內容,一切機制都要圍繞發展轉,機制不適應的就要改,就要創新。在國家政策法規許可的範圍內,創新機制引領著崑山一次一次實現了質的跨越。[87]

崑山的幹部群眾以腳踏實地、抬頭望路的辛勤耕耘,向人們揭示了這一創新體系的豐富內涵。因此,崑台之間關係得到不斷充實,台灣投資者對此充滿希望和信心。

四、崑山創新之精神——多元文化的融合

對於一個城市來說,「文化是軟環境,也是競爭力」。這是崑山人對文化的認識。也正如崑山市領導所說,「經濟是形,文化是神」,文化是經濟社會發展中的持久推動力,是崑山精神的象徵。顯然,文化已經成為崑山這座城市的支撐,文化崑山已經對眾多台商構成了強大吸引力。

（一）崑山的本土文化

崑山是一座有著悠久歷史積澱和傳承的文化城市。這裡是「百戲之祖」崑曲的發源地，明末清初思想家顧炎武、歸有光和朱柏廬等文化名人的誕生地。大思想家顧炎武的優秀思想傳承，人類口頭遺產和非物質遺產代表作——古老的崑曲，這「一剛一柔」構成了崑山文化和諧而又永恆的背景。此外，保存完好的良渚文化遺址，滄桑千年的周莊、錦溪、千燈等水鄉古鎮，以及由昆石、並蒂蓮和瓊花組合的獨特園藝等都是崑山文化的組成部分。也正是這些健康、瑰麗的文化元素的融匯，天然造就了今天崑山良好的人文精神。

思想家顧炎武的「天下興亡，匹夫有責」的思想激勵著崑山人用自己的實際行動為祖國富強、為家鄉繁榮努力奮鬥。朱柏廬的《朱子家訓》教給崑山人做人要誠實、處世要講誠信的道理。現在來看，「責任」「奮鬥」「誠信」鑄成了崑山人在發展開放型經濟中的「靈魂」。

（二）崑山的外來文化

海派文化。崑山是上海的近鄰，海派文化對崑山人有著較強的吸引力，並對崑山產生了深刻的影響。所謂「海派文化」，其特質應該是一種視野廣闊的、海納百川式的文化，是一種最樂於接受、最易與外來文化融合的文化，是一種包含了「創新、敏銳、精緻」的文化。其開放性、包容性都十分鮮明。許多台商都說，崑山人好就好在包容性強，而這與「海派文化」的影響應該是密切相關的。崑山人勇於創新、「敢為天下先」的精神也與之不無關係。

移民文化。經濟的快速發展加快了城市化進程的步伐，崑山市人口以每年十萬以上的速度增加。崑山已成為一個事實上的移民城市。崑山擁有「新崑山人」（由全國各地到崑山工作的常住人口）近70萬，這些從四面八方湧入崑山的民眾，其專業和文化背景各有不同，

但有一個共同之處：他們都是來到崑山「創業」的。他們要在新的土地上生存並發展，就需要拚搏和進取。他們帶來的移民文化中的主流即是創業精神，這種創業文化與崑山自身固有的創業元素互相呼應，所產生的動力是難以估計的。

海外文化。從1980年代末開始，崑山市開放型經濟得到了飛速發展，海外文化緊隨著國際資本大量湧進。外資企業既帶來了先進的管理模式，也帶來了先進的科技文化。這些文化，影響和帶動了崑山在人才引進和任用上不拘一格，不斷喚起崑山對人才的重視、尊重和培養，也促進了崑山對於人才競爭機制的建立等。

「台島文化」。目前長期在崑山生活的台灣同胞有近十萬人。許多工作、生活在崑山的台灣同胞都已成了名副其實的「崑山人」，他們早就把崑山當作了第二個家。在崑山，許多台灣人感覺彷彿來到了台北街頭。黃河路上的台北小木屋、出外人的家、芳鄰小館、永和豆漿等台式小吃店一字排開，分布在這個城市各處的上島咖啡、池上便當、上林燒臘等幾十家台灣風味的咖啡屋、茶樓、酒吧、和餐飲店紛紛散發出寶島的芳香。崑山的台灣生活氛圍讓當地台商及其眷屬背井離鄉的感覺大大減輕了，很多台灣同胞親切地將崑山稱為「小台北」。而「台島文化」展現在人們面前的最主要的就是台商的創新、敬業、進取和積極經營。尤其是台灣人的「愛拚」精神，更給崑山人留下深刻印象並對崑山各項工作的「率先」開展產生了極大影響。

成立於2001年9月的華東台商子女學校，是繼廣東東莞台商子女學校之後，台商在大陸開辦的第二所子女學校。2006年，經江蘇省教育廳的批准，該校增設了高中部。自此，華東台商子女學校成為一個從幼稚園、小學到高中一貫教育的學校，學生接近500人。學生們的父母，都是台資企業中的台籍幹部和員工。很多孩子過一段時間要回台灣，但學業不會中斷。因為這裡的教材是台灣編的，學制與台灣一

樣，39名主課老師包括校長全部從台灣請來。在校學生既能夠回到台灣就讀，也可以留在大陸升學。

非常注重中華民族傳統文化教育是這所學校的特色。崑山台商子弟學校經常開展知恩、感恩、報恩「三恩」教育，要求學生回家幫助父母做家務，自製節日小禮品送給長輩，教育學生懂得「報恩」等。另外，相比較而言，台灣的基礎教育更「生活化」，比如，孩子們衣、食、住、行、禮等細節都由老師一一教誨。考試題目知識面很廣，都是選擇題，這就要求學生讀很多課外參考書。受此影響，崑山市教育局則把2005年12月定為「報恩月」，對全市中小學生進行感恩教育，並在教育系統提倡培養學生的生活自理能力、注重課外閱讀等。

2006年，經國家主管部門批准，由台灣企業家合作出資的崑山登雲科技大學順利建成。學校分設服務學院、工學院、管理學院及醫學院，共開設11個專業，教務由位於台灣新竹的明新技術學院負責。

有著強烈文化追求的崑山人，除已經擁有的圖書館、美術館、體育館（場）外，還在積極籌建集影視、劇場、娛樂等為一體的大型綜合性的「文化藝術中心」，以及更大規模的包含游泳、網球等在內的體育場館。由崑山台商集資興建的「媽祖廟」，聯結了兩岸的媽祖文化，使在崑山的台灣同胞的信仰有了依託。崑山人均占有的文化設施達到0.1平方米，已經超過江蘇省制定的2008年達到人均0.08平方米的目標。

（三）崑山多元文化的融合

從崑山可以看出，多種文化和諧相處、共生共榮是完全可能的。就像費孝通先生所說的「各美其美，美人之美，美美與共，天下大同」，不同文化從發展自身之美，到欣賞他人之美，再到相互欣賞，最後達到融合和一致。而「融合」對於崑山這個「新」「老」崑山人

合居的新型城市來說,就是人與人之間的和諧,多元化文明的融合。[88]

五、跨界治理:崑山台協會參與政府制度創新實例

(一)現實意義——崑山台資企業對崑山經濟發展的影響

崑山屬於縣級市[89],其行政級別較低。崑山市政府在初始條件不利的情況下,逐漸摸索和發展出服務型的「小政府」。崑山市政府從市長到各個部門領導都沒有官架子和官僚主義的負擔,便於其親商形象的樹立和服務的落實。更為重要的是,由於崑山認識到自身資源匱乏,實力有限,政府本身並沒有大舉興辦產業,而是從1990年代初就確立了引進外資、且朝向獨資方向發展的思路,因為外資在獨資的情況下才有可能把技術水平較高的項目放在崑山,也才能把崑山推往「高、新、大」的產業發展方向。這樣一來,地方政府則可以全心投入對資本的服務,實現地方政府從「政企不分」到「政企分開」的轉型。由此可見,在政府職能上,崑山很早就把自身定位為「為資本提供服務」的政府,而不是政府自己直接介入經濟活動。

1980年,崑山開始以外向型產業主導地方經濟的快速增長,其中台資企業的大量進入是其經濟快速發展的主要推動力量。截止到2010年底,全市累計批准台資企業3830家,總投資額457.4億美元,註冊台資213.6億美元。2010年,完成地區生產總值2100億元,比上年增長20%;全口徑財政收入460億元,其中地方一般預算收入超160億元,分別增長40%、20%;工業總產值7000億元,增長20.6%;進出口總額820億美元,其中出口530億美元,分別增長32.6%、30%[90]。在這些耀

眼的業績中台資企業的貢獻超過一半以上。崑山市政府對台資表現出特有的政策彈性與服務能力，願意傾聽台商意見，透過經常與台資企業協會的座談與交流，持續推進產業升級，並且尊重台商的習慣，吸收台灣文化，為台商在崑山的發展提供了良好的投資環境和生活環境。這一切都是崑山市政府作出了連續不斷的制度創新的結果。

北大中國經濟研究中心教授柏蘭芝曾從跨界治理的角度，分析了崑山「台協」參與崑山制度創新的作用[91]。柏蘭芝認為，跨界治理是指政府透過和跨界的不同利益主體的行動者互動協商，形成一組制度規範，以利於跨界生產體系的運作。崑山市台資企業協會（包含台商）和市政府（包含政府部門）共同營造的跨界治理機制雛形已逐步顯現。

崑山台資企業協會代表台商群體的利益，從最初的邀請參加座談、交流意見，提升到作為政府治理主體之一參與政府治理層面的活動，而成為某種意義上的「第五套領導團隊」[92]。下面將從崑山台協會參與政府經濟制度創新、行政管理制度創新和文化交流創新三個方面進行闡述。

（二）崑山台協會參與經濟制度創新

發展經濟是制度創新的第一推動力，因此崑山政府制度創新最先從經濟制度創新開始。下面就以台商幫助崑山市政府在崑山經濟技術開發區建立的崑山出口加工區為案例，分析台資企業協會如何參與經濟制度創新。

1.台商帶來了「加工出口區」這一新概念

早期來崑山投資的台商對崑山的投資環境十分滿意，但也感到不足，主要是進出海關耗時過長，他們說「如果崑山有一個像台灣新竹一樣的『境內關外』的工業園就更好了」。他們在與崑山市政府的頻

繁交流中，介紹了台灣的保稅特區既可以降低海關監管的難度，又能提高企業通關效率，崑山市政府開始請台商幫忙蒐集有關資料。台灣經濟的發展有兩大關鍵因素：一是工研院；二是創辦工業園區。工研院的作用是將科技轉化為生產力，工業園區的作用則是給企業發展提供良好的環境[93]。1965年，台灣首先在高雄港浚港新生地上建立高雄加工出口區[94]，三年後相繼成立台中加工出口區和楠梓加工出口區，這些加工出口區以一系列優惠政策和海關管理制度讓台灣得以進入世界製造業分工，發展勞動密集的外銷導向產業，進而完成了台灣的工業化進程。1970年，加工出口區又促成了新竹科學園區的成立，帶動了台灣高科技工業的發展並推動了台灣整體經濟轉型。台商要想在崑山發展，必須為自己創造一個適合產業發展的大環境，他們在台灣是工業園區的跟隨者，而到了崑山他們想做工業園區的開創者，因此台商很積極、熱情地幫助政府尋找台灣出口加工區的相關資訊，協助政府盡快建立適合IT產業發展的環境。

2.崑山台協會協助建立出口加工區

1995年9月，崑山台資企業一位負責人邀請崑山開發區主要領導赴台參訪加工出口區，這位領導參訪後帶回來幾麻袋資料進行研究。為了學習和探索出口加工區的運作模式，崑山台協會主要負責人同開發區管委會主任六次訪台，在台期間考察了台灣7市9縣[95]，並先後多次拜訪了台灣工業總會等工商團體，聽取建立出口加工區的相關情況介紹[96]，考察了高雄楠梓加工出口區和新竹科學工業園，他們將在台灣拿到的資料不斷地總結，並結合崑山特點反覆向大陸國務院有關部門匯報。而在此時，台灣在電腦終端、塑料化工、精密機械、電線電纜、新型建材等行業處於國際領先水平，其中以筆記本電腦為主體的電子產品生產量在世界排名第一。因此，當時到崑山投資的台資企業大多是以筆記本電腦為代表的IT產業。

崑山在行政級別上只是一個縣級市，不具備體制上的優勢，所以都是靠堅持不懈的努力才能實現目標。從1998年起，崑山開始向國家有關部門送件申報。由於當時沒有關於出口加工區的政策，「所謂的申報，其實是一個說服中央給政策的過程」[97]，崑山市領導要向國家的最高決策部門一一解釋出口加工區的概念、運作模式等。在這個過程中崑山沿用了自費辦開發區再申請「國批」的老路子，也就是「只做不說，做了再說」的策略，一邊到中央跑政策，一邊在崑山建出口加工區。2000年4月27日，崑山成為大陸國務院批准首批15個出口加工區之一，也是縣級市中的唯一一個。同時，崑山在完成工業區的規劃之後就開始基礎設施建設和招商工作。2000年10月8日，崑山建成了全國第一個封關運作的出口加工區，這一創舉不僅大大節約了開發區企業的運營成本，而且為產業鏈和價值鏈引資在功能配套上做好了準備[98]。可見，崑山出口加工區對於崑山開發區的發展可謂是「如虎添翼」。

　　在崑山市政府申請籌建出口加工區的同時，崑山台協會應運而生。它的成立對於崑山經濟的發展具有劃時代的作用，此後崑山市政府不再與個別台商單槍匹馬奮鬥，而是和崑山台協會這個群體一起走上了一條建設出口加工區的新道路。崑山台協會成立後提出了很多進一步改善崑山投資環境的建議，其中最重要的一個建議便是提高筆記本電腦出貨的通關效率。隨著全球化的快速發展，客戶對於交貨的速度要求越來越高，當時對於交貨速度的要求是「955」速度（下單後5天內須將95%的產品送達到用戶），2000年提高到「973」速度（下單後3天內須將97%的產品送達到用戶），2002年又進一步提高到「982」速度（下單後兩天內須將98%的產品送達到用戶），直至目前的「1002」速度（下單後兩天內須將100%的產品送達到用戶）。這種要求對於當時在崑山設廠的台資企業來說實在難以做到，因為崑山行

政級別低，在關區上屬於江蘇省，因此出入海關必須先經南京再到上海，要耗費許多時間和行政成本，無法適應IT產業「快進快出」的需要。筆記本電腦要求交貨的速度經歷了「955-973-982-1002」的過程，交貨速度越來越快，硬是逼出了一個出口加工區。

可以說，崑山出口加工區和崑山眾多來自楠梓加工出口區和新竹科學園區的廠商有著重要的關係。在出口加工區的創建過程中，崑山台協會發揮了舉足輕重的作用，崑山市政府以台協會為中介，與台灣各界建立了更為密切的交流，在制度上安排了許多與台資企業溝通與合作的機制。

3.崑山台協會推動出口加工區的進一步發展

2006年12月26日，大陸國務院批准江蘇崑山出口加工區拓展保稅物流功能及開展研發、檢測、維修業務試點。2007年，出口加工區還成功獲批在「生產功能」的基礎上疊加「貿易功能」和「物流功能」，將原有的製造基地，擴展到生產型服務業基地，極大地擴展了出口加工區的發展前景。自2007年1月開展保稅物流等功能試點以來，已建成保稅物流園一期3.8萬平方米保稅倉庫和4萬平方米物流場站，並已經全部投入使用，目前二期11萬平方米保稅倉庫已竣工並已投入使用，三期由5家物流企業自建的17萬平方米保稅倉庫部分已投入使用，全部建成後將擁有32萬平方米保稅倉庫和2萬平方米展示館。2010年累計引進售後服務機構24家，實現業務收入15.9億美元；引進研發機構12家；引進維修機構8家，實現業務收入4.9億美元。出口加工區進一步發展，引入一批電子訊息產業、光電產業、精密機械高科技企業入駐，特別是以龍騰光電項目為核心的新型光電產業鏈的形成標誌著崑山產業轉型升級的重大突破[99]。

目前，江蘇崑山綜合保稅區已引進入區註冊項目138家，引進項目總投資22億美元，註冊資本10.8億美元，實際利用外資9.4億美元。已

投產企業112個，其中工業企業86個，物流企業18個，貿易企業8個，從業人員近12萬人。2010年，實現進出口總額534億美元，同比增長27.8%，其中出口371億美元，同比增長25%，進口163億美元，同比增長34.7%；實現工業總產值2881億元，同比增長29%；實現稅收25.4億元，同比增長52.8%。2010年，實現保稅物流金額660億美元，同比增長53.8%，其中保稅入庫金額308億美元，同比增長48%。

崑山自主設計並創造了出口加工區模式，實現「境內關外」「一次報關、一次審單、一次檢驗」，這不僅是海關通關制度的一次重大突破，也是開發區開發模式的創新。可見，為了適應新的形勢，就必須適時設計出新的制度來代替舊的制度，才能使制度更加完善，更具生命力。

崑山台協會參與崑山市政府治理還有許多例證。例如，崑山出口加工區內有一條「楠梓路」，一條「新竹路」，這都是開發區管委會根據台商要求命名的。沿用了台灣島內的路名，是因為前來崑山投資的台灣「六大」筆記本電腦製造商全部集中於此。再如，台商建議在出口加工區東側增設碼頭，以利於企業建築材料的進出；還有的企業要求在自己工廠區域內建造員工宿舍，以便企業統一管理等等。為了尊重台商這些習慣性需求，只要不違反大原則，開發區管委會都會給予滿足。台商和政府之間密切而良性的互動一旦形成制度，達到機制化，台商就不僅真實感受到「主人翁」的地位，而且也會自然而然地對當地經濟發展造成推動作用。

崑山出口加工區從謀劃到籌建直到建成並發揮作用的全過程表明，只有創新才有發展，機制和制度創新是推動兩岸經濟關係發展的強大動力，而只有企業敢於爭取，政府敢於負責，政企建立起良好的互動關係和相互信任，創新機制才能獲得成功的機會。

由崑山台協會參與制度創新的案例可以得出兩方面啟示：一是崑

山市政府對崑山台協會的高度授權,使得台協會會長充分發揮主動性,實現「以台引台」的招商策略。例如,曾任會長的戚道阜先生在任期間,接待來訪的台灣工商團體和台資企業,都是實行「台協會簽單,政府買單」,因為,崑山市政府深信台協會會長介紹來的客戶一定都是對促進崑山經濟發展有利的[100]。二是崑山市政府充分注重打造「軟實力」,確定了「小政府」的定位,並提出「知商、親商、富商、安商」的理念,而且說到做到,從來不說「問題不大」這樣模棱兩可的話。

(三)崑山台協會參與行政管理制度創新

為了配合經濟制度創新,崑山市把創新的內容擴展到行政管理層面。行政管理制度創新的核心就是建立服務型政府,以提高政府效率和服務質量為原則,充分體現以人為本的精神。

(1)創辦第一家縣級市台資企業協會

按照規定,成立台資企業協會必須具備「必要性」和「可操作性」。一是當地的台資企業要達到一定的數量才有相當的代表性,約為100家左右,即「必要性」。二是一般來講,地級市政府在所轄範圍內具有問題的共同性,具備較好解決問題的能力,故從可操作性角度看是合適的,具有「可操作性」。事實上,當時上海、天津、海南等地突破「地級市」的規定,成立了台資企業協會,這是因地制宜、靈活處理的結果。

1997年,崑山有台資企業400多家[101],數量在蘇州市下轄的六縣(市)範圍內遠超過上海、天津、海南的台資企業數量,完全滿足成立台資企業協會的「必要性」和「可操作性」要求,崑山市在江蘇省和蘇州市的支持下開始申請成立縣級市台協會。1998年,經國台辦批准,崑山成立了大陸首家縣級市台資企業協會,這是一項重大的制度

創新,至今在崑山發展歷程中還是濃墨重彩的一筆。自此以後,它為政府的行政管理制度創新提供了重要的動力。

(2)發揮政府和台資企業間的橋樑紐帶作用,逐步構築了台商參與制度創新的社會基礎。

崑山台協會收集整理企業反映的各類問題,及時與崑山市政府及相關部門進行溝通,同時對這些問題進行跟蹤,敦促有關部門及時解決。對一些政策上不允許或在短期內暫難解決的問題,也會及時反饋訊息,做好解釋工作。例如,電力供應緊張時,崑山台協會積極向會員宣導,使其能安心生產,科學組織,節約用電,支持錯峰限電。同時,崑山台協會建議崑山市政府對自購的發電機給予補貼,對某些特殊工藝驟然停電將影響其生產的金屬、建材、原料等行業先行通知再拉閘限電,避免造成人員傷亡和財產損失。

座談和聯誼活動已經成為台商與政府之間聯絡的一種制度化機制,崑山台協會定期組織台商與崑山海關、商檢、國稅、地稅、工商、質檢、公安、人社、環保、教育、安監、建設、交通、供電等部門互動聯誼,各個單位每年兩次座談,透過協會向會員宣傳政府的各項政策,並以這種民主的座談形式,為台資企業及時和有效地解決了經營中遇到的問題。例如,在電費繳納問題上,企業一般需要預繳電費(每月三次)後用電,供電公司要求企業提交一定數量的資金擔保才能實現後付費,這就占用了企業的一部分流動資金。為瞭解決這個問題,協會組織會員與供電公司進行座談,就電費繳納方式進行協商,最終達成重要共識:由協會擔保,供電所、協會和企業三方簽訂合約,企業承諾按時繳納電費,供電公司就可以為該企業變更收費方式,由預繳電費改為後付費。據瞭解,截至2010年底,崑山台協會已為近200家台資企業辦理了此項協議,為企業節省了大量流動資金。

(3)積極向政府爭取,幫助台商解決生活問題

台商在大陸投資除了面臨經營及投資問題（如稅務、海關、法律、銀行融資）之外，還有生活上的醫療保健、子女就學等問題，甚至酒後駕車、打架肇事等法律問題。面對這些問題，單個台商無能為力，只能依靠集體的力量。崑山台協會透過台辦和顧問協助解決，會同相關單位合作，解決台商面臨的共同問題。

在醫療保健方面，所有台商都有崑山市政府專門發放的醫療綠卡，而且每家醫院都為台胞設有專門的服務窗口和綠色通道。除此之外，2010年開始，崑山管委會還為有突出貢獻的台商發放醫療卡[102]，費用由政府補貼。這些舉措為台胞在崑山的醫療保健提供了必要的保障。

在子女教育方面，崑山台協會首先積極籌辦崑山台商子女學校[103]，然後又與政府溝通幫助台商子女就讀本地學校。由於台商在大陸長期投資，難以兼顧家庭，經常面臨子女入學問題，崑山台協會協助成立了台商子弟學校，這也是台協在政府不能顧及的範圍之內對台商所提供的最佳服務。隨著崑山台胞的不斷增加，在崑山長期居住和工作的台胞已有10萬餘人，台商子弟學校容量有限，且價格較高，不能完全解決在昆台商子女上學的實際問題。就此問題，崑山台協會給所有會員下發了《關於調查收集會員子女就學轉學資料的通知》，收集整理彙總後與教育局協商，按照台商的意願安排其子女就讀理想中的本地學校。經過與教育局協調，崑山市教育局制定工作方案，由協會發實施商子女就學轉學調查函，凡有意願就讀崑山本地學校，均由協會統一登記造冊，報請崑山市教育局後按照溝通協商、尊重意願和就近的原則，統一安排就學，每年300個入學名額。協會舉辦台商子女入學座談會，市教育局有關負責同志出席，就台商子女入學等問題聽取廣大台商的意見和建議。2010年，崑山台協會統一安排了315名台生在崑山本地學校就讀。

組織、幫助台灣駕照更換大陸駕照考試也是崑山台協會的一個創新之舉，為台商便利出行提供了保障。為方便持台灣駕照的台商及時換領大陸駕照，崑山台協會聯合崑山市安全教育學校專門邀請蘇州安教中心警官來崑山設臨時考點，為會員進行更換駕駛證考試，幫助他們快速方便地更換到大陸駕照。台協會組織台商統一考試，崑山本地領證，大大節省了台商的時間，考試次數也由原來的每月一次增加到每週一次。2010年，在市公安局交巡警大隊車管所的大力支持下，協會已為1398位台商辦理了換證手續，便利高效的服務贏得了在崑台籍人員的廣泛讚譽。

　　崑山台資企業協會的大事記上有過這樣的記載，「2000年3月27日，協會二屆一次理監事會議在長江浮法玻璃有限公司會議室召開，協會名譽會長、崑山市市委書記、市長等親臨會場，會上理監事就提升崑山投資環境問題進行探討，共提出六個方面29條意見，書記、市長表示在一個月內給大家一個答覆」，其結果當然是令人滿意的。崑山市領導不定期地出席台資企業協會的會員大會，直接聽取台商的各種意見，形成了政企互動的良好氛圍。崑山的企業互動成為構築台商參與制度創新的社會基礎。

　　（4）組織各項大型活動

　　崑山台協會經常組織台商參與政府舉辦的學術論壇、經貿招商會及各種展會等活動。例如，自2001年開始的，由清華大學台灣研究所、科技部海峽兩岸科技交流中心、崑山市政府聯合舉辦的一年一度的「兩岸產業合作發展論壇（崑山）」（簡稱「崑山論壇」）就為會員提供了與產、學、研各界交流的好機會。自2005年起增加了「崑山市台協」作為「崑山論壇」發起單位。崑山論壇透過彙集兩岸專家學者、企業界精英的智慧，為加強崑台產業合作、密切崑台經貿交流開拓思路，提供支持。

除了參與舉辦這種學術論壇外，崑山台協會還積極組織會員參加各種經貿活動。例如，參與每年一屆的「台灣周」活動等重要活動。又如，2010年9月19日，崑山台協會在崑山慧聚寺舉辦了「2010崑山首屆台灣民俗文化嘉年華」開幕式暨媽祖安座典禮活動。自媽祖安座以來，香火旺盛。在弘揚媽祖文化的同時，成就了崑山乃至華東地區在外打拚台商多年的心願，促進了兩岸信俗文化交流。

（5）推介崑山的義務宣傳員

崑山台資企業協會先後接待了深圳、東莞、上海、南京、無錫、南通、杭州、寧波、大連等友會領導及會員單位上千人次。協會也組織會員分赴各友會學習和交流，而且，在台資企業協會的聯繫安排下，崑山和台灣各界有著密切的交流，如工業總會、電電公會等工商團體。崑山先後多次組團赴台考察，全面宣傳和推介崑山。同時崑山也邀請島內的台商團體來昆考察。這些跨界網絡活動不僅關係著許多與投資直接或間接的訊息交換，更為重要的是，台資企業協會的主動性鞏固了聯繫台商和政府的橋樑。（四）崑山台協會參與文化交流創新改革開放所形成的自由環境使公民得以參與政治生活，創造著活生生的民主形式，改善著地方的治理結構[104]。因此，創新能力強的地區，其民主水平較高，社會自由度也較高。具體到崑山來看，則主要體現在崑山台協會對崑山公益事業的影響和對昆台文化交流創新的參與。

（1）崑山台協會婦慈會的公益行動帶動崑山的社會發展

①舉辦慈善活動

2004年中秋節大型慈善募捐活動中，崑山台協會發動全體會員積極配合，踴躍參與。除直接捐給市慈善總會和各鎮慈善分會的捐款外，協會代收的捐款亦達18萬餘元。在「中秋月，兩岸情」中秋晚會

上，向公安局捐款，為平安崑山盡一份心力；向孤寡老人、貧困家庭發放慰問金，體現了對弱勢群體的殷切關懷。2005年9月11日，崑山台協會與信益陶瓷共同舉辦了台商大型慈善活動——「168台商萬人慈善園游義賣會」。活動以「發揚人道主義精神，弘揚中華民族扶貧濟困、出入相助的傳統美德，幫助社會弱勢群體，促進社會公平和進步」為宗旨，分別以園遊會和義賣晚會的形式來組織，以愛心善舉為精髓貫穿整個活動。此活動不僅加強了台商台屬與本地民眾的交流與融合，整合社會力量幫助弱勢群體，促進了社會和諧，而且借助愛心的傳播和凝聚，提升了崑山台商的向心力、影響力並樹立了良好的社會形象。在會員的踴躍參與和社會各界的關心支持下，總共籌得善款168萬元人民幣，全部捐贈予崑山慈善總會。此次活動不僅在崑山本地取得了震撼性效果，而且經海內外媒體的大力報導，影響擴及華東乃至兩岸，崑山台協因而美名遠揚。

協會每年向團市委捐贈3萬元人民幣，用於救助貧困家庭優秀學生完成學業。另據有關學校反映，協會許多不願公開姓名的會員，十分關心崑山貧困學生的學習情況，長期為學校和學生提供物質上的幫助。

②婦慈會積極做公益

2000年崑山台協會婦慈會成立，200多位台商太太成為「義工媽媽」，她們帶動很多台商和愛心人士加入到關愛貧困學生、孤寡老人的隊伍之中。例如，2010年舉辦的「2010崑山首屆台灣民俗文化嘉年華」開幕式暨媽祖安座典禮活動之後，婦慈會組織會員在遊行隊伍後面撿垃圾，引起了一致好評，拉近了台商與崑山當地人的距離，也為構建和諧社會營造了良好的氛圍。崑山台協會一位負責人說，婦慈會將兩岸血脈親情拉得更近了，這也讓很多台商報答崑山的情感變成了實際行動[105]。

在這些「義工」的感召下，崑山市民參與公益事業的熱情越來越高漲，越來越多的義工們加入到環境保護、文明宣傳、關愛兒童、敬老助殘等社會公益服務之中，這對於培養市民的參與和奉獻精神具有很好的示範效應。

（2）崑山台協會積極參與文化創新

文化創新主要體現在信仰、理性、價值觀等方面，其發展和變化決定了人們的活動是否能夠「創新」，表現為人們對創新活動的態度，是制度創新的內在動力。沒有文化的經濟發展是沒有靈魂的，台協會對於崑山的影響不僅限於經濟層面，還體現在文化層面。

崑山舉全市之力，加快城市化進程，構築整體環境優勢。市區面積從原來的4.25平方公里擴展到30多平方公里，戶籍人口超過20萬。新建了森林公園、中央公園、城市廣場、西山風景區、圖書館、游泳館、崑曲博物館、市民活動中心、科博中心、體育中心等一批文體設施和市民休閒場所，融江南水鄉特色和現代文明氣息為一體，極大地提高了市民的整體素質。崑山先後獲得國家衛生城市、國家環保模範城市、國家園林城市、全國優秀旅遊城市、全國創建文明城市工作先進城市、全國生態示範區等稱號，2010年崑山喜摘「聯合國人居獎」桂冠[106]。可見，崑山正在以其豐富的文化底蘊，創造良好的基礎設施和優美的城市生活環境。

隨著台商的集聚和扎根，在崑山長期居住和工作的台胞有已10多萬人，對台商提供生活服務的相關配套設施和產業也日漸完善，滿街可見永和豆漿、台南小吃、台式風格的咖啡館和茶藝館以及台灣人偏好的日本料理，台灣文化慢慢影響著這座小城。濃厚的台灣文化吸引著這些在崑山打拚、生活了20多年的台胞們，他們覺得崑山是一個「適合人居」的城市，於是有些台胞舉家遷到崑山，甚至有一家五代都遷入崑山[107]，準備扎根崑山。

六、小結

　　在崑山發展的早期，制度創新的核心是打造「硬實力」。崑山市政府得到大陸國務院批准設立開發區，從而獲得制度創新的優先進入權，而此時的制度創新內容主要是以經濟制度創新為主，崑山台協會不斷向崑山市政府提出適合台資企業發展的各種「要求」，可以說處於「參政」階段。

　　崑山發展的中期，制度創新的核心是在提升「硬實力」的同時增強「軟實力」。為了將制度優先進入權所帶來的潛在制度收益轉化為現實的經濟利益，崑山市政府進行了一系列機制創新和環境創新。這一階段的制度創新內容除了經濟制度創新外，還擴展到行政管理制度創新，積極建立服務型政府，以提高政府效率和服務質量為原則，充分體現了「以人為本」「為台商服務」的精神，崑山台協會的積極建言為制度創新作出了貢獻，他們扮演著「參政」「議政」的雙重角色。

　　崑山發展的當前階段，制度創新的核心是崑山市政府和崑山台協會共同治理公共事務。崑山市政府在爭取制度優先進入權和進行一系列機制創新、環境創新之外，積極與崑山台協會進行良性互動，主動接受監管，也就形成了跨界治理，從而實現雙方的共同利益，其角色從「參政」和「議政」進一步轉變為「督政」。可見，崑山台協會直接或間接地參與政府制度創新的過程中，崑山市政府與崑山台協會透過合作建立起了跨界治理的體系，從而推動崑山在經濟、社會等各個方面的發展，以此來提升競爭力。

　　崑山台協會參與政府制度創新模式的成功有其偶然性和必然性。首先，崑山抓住了台資向大陸擴張投資的有利時機，將招商方向轉向

了台資。崑山的台資企業集聚度很高，這就使得崑山市政府必須重視台資企業協會提出的意見和建議。其次，崑山積極轉變政府職能，打造「服務型政府」，信守「知商、親商、安商、富商」的承諾，大膽進行制度創新，建立適合於台資企業發展的投資環境，並且能夠保證政策的制度化和規範化，提出的政策能夠具體落實。儘管黨委、政府換屆，領導團隊換人，但都不因領導的更替而失效，能做到政策的連續性。第三，台協會發揮主觀能動性，積極與政府配合，主動提出對發展企業和促進經濟有益的意見和建議。崑山有一批優秀的企業家，他們認真實幹，熱心公益事業，具有服務大家、無私奉獻的精神，願意組織起來充當政府和台商聯繫的橋樑。而在崑山這樣一個台商集中的地區，熱衷於公益事業的人會越來越多，這為崑山台協會參與政府制度創新創造了有利條件。由此可見，崑山的制度創新不是崑山政府「拍腦袋」想出來的，而是遵循「解放思想、實事求是」的方針，在分析了國際、中國形勢和崑山自身投資環境的基礎上作出的理性決策。

政府和台資企業協會是跨界治理的兩個方面，但政府是主導者，積極主動地解決現實中的各種困難和矛盾，從而形成一系列制度創新。台資企業協會是一個特殊的群體，在台商聚集區內，台資企業協會對當地政府制度創新有不同程度的影響，發揮著不同方面的作用。因此，透過崑山這個典型的案例，我們可以看到處理好台資企業協會與地方政府之間的關係，有利於推動台資企業聚集地區的經濟和社會發展。台資協會積極主動地參與政府制度創新，地方政府本著「解放思想、實事求是」的思想，真心實意地為台資企業服務，幫助他們在本地安居樂業，最終形成互利共贏的態勢，對於實現社會的「善治」具有一定借鑑意義。

作為崑山制度創新的主要倡導者和主要設計者，崑山市委、市政府主要領導以其綜合素質造成了關鍵作用。正是在他們的示範和帶領

下，崑山才能衝破思想束縛和制度障礙，在實踐中學習，在實踐中嘗試，不斷總結經驗和教訓，才能審時度勢地作出各項科學決策。撤縣建市20多年來，崑山領導人換了多任，但崑山發展方向始終如一，一任接一任，一站又一站地朝著既定目標前進，這不能不說是崑山科學化的制度安排造成了根本性作用。

附錄：

台灣同胞投資企業協會管理暫行辦法

第一條　為了保障台灣同胞投資企業協會（以下簡稱台資企業協會）的合法權益，促進海峽兩岸經濟交流與合作，規範管理，依據《中華人民共和國台灣同胞投資保護法》和《社會團體登記管理條例》，制定本辦法。

第二條　台資企業協會是指以在中國大陸登記註冊的台灣同胞投資企業（以下簡稱台資企業）為主體，依法自願組成的社會團體。

第三條　台資企業協會必須遵守國家憲法、法律、法規，不得危害國家的統一、安全和民族團結，不得損害國家利益、社會公共利益及公民合法權益。

第四條　國家依法保護台資企業協會及其會員的合法權益，以及按照章程所進行的合法活動。

第五條　台資企業協會以服務會員、推動海峽兩岸經濟交流與合作為宗旨。主要業務範圍是：

（一）開展會員間的聯誼和交流活動；

（二）為會員提供國家有關法律、法規以及經濟訊息等方面的諮

詢服務；

（三）溝通會員與當地政府及有關部門的聯繫，反映會員有關生產經營等方面的意見、建議和要求，維護會員的合法權益；

（四）促進當地與台灣之間的經濟交流與合作；

（五）舉辦社會公益活動；

（六）幫助會員解決工作和生活中的有關困難。

第六條大陸國務院台灣事務辦公室和有關地方人民政府台灣事務部門是台資企業協會的業務主管單位。有關地方人民政府台灣事務部門和民政部門負責本行政區域內台資企業協會的業務指導和登記管理工作。

第七條台資企業協會分單位會員和個人會員，以單位會員為主體。

單位會員是登記註冊地台資企業以本企業名義加入的會員。

個人會員是在登記註冊地台資企業從業的台灣同胞以本人名義加入的會員，以及台資企業協會註冊地為協會服務的有關人員以適當名義加入的會員。

第八條成立台資企業協會，應當具備下列條件：

（一）台資企業比較集中的地區；

（二）有50個以上的發起會員，其中單位會員不得少於30個；

（三）有固定的辦公地點；

（四）有適應開展業務活動所需要的專職工作人員；

（五）有合法的經費來源；

（六）法律、法規、規章規定的其他條件。

第九條 成立台資企業協會，應當經業務主管單位審查同意，依照有關規定進行登記，並按照程序報大陸國務院台灣事務辦公室備案。

第十條 所在地人民政府台灣事務部門履行業務主管單位的職責，為台資企業協會提供服務和幫助。

（一）指導台資企業協會依法開展章程規定的各項活動；

（二）協助台資企業協會聯繫當地政府及有關部門，安排相關活動；

（三）協助台資企業協會組織有關重要經貿交流活動、重大會務活動；

（四）協助台資企業協會組織有關法律和經濟業務等培訓；

（五）為台資企業協會舉辦社會公益活動提供幫助；

（六）為台資企業協會業務活動中遇到的問題，以及會員在生產經營和生活中遇到的困難提供幫助。

（七）提供其他必要的幫助。

第十一條 台資企業協會會長由台商擔任。會長、副會長應具備下列條件：

（一）遵守一個中國原則，擁護國家統一，願意為促進兩岸經濟交流與合作積極努力；

（二）台商本人投資企業有一定規模，具有一定經濟實力；

（三）個人素質較好，在當地台商中有一定威望；

（四）熱心協會工作，有較強工作能力；

（五）身體健康，能夠堅持正常工作；

（六）未在其他社會團體擔任法定代表人；

（七）具有完全民事行為能力。

第十二條為了便於台資企業協會聯繫政府有關部門，更好地為會員提供服務，所在地人民政府台灣事務部門相關負責人可接受台資企業協會聘請擔任相應職務。受聘人員由台資企業協會按章程規定程序產生，不領取台資企業協會的報酬。

第十三條台資企業協會聘用一般工作人員，應當按照國家有關規定辦理。

第十四條台資企業協會接待台灣重要團組和人士來訪，應事先向所在地業務主管單位報備。

台資企業協會舉辦成立、換屆、慶典等重要活動，應報業務主管單位批准。

台資企業協會舉辦跨地區的活動，應由業務主管單位報上級業務主管單位批准。

第十五條台資企業協會不得加入外國商會及境外社團組織。

台資企業協會依照章程獨立自主開展活動，與其他任何組織沒有隸屬關係，不得接受任何組織和個人委託從事與章程規定不符的活動。

第十六條台資企業協會收取會費、接受捐贈和資助必須符合章程規定的宗旨與業務範圍，並應當向業務主管單位和登記管理機關報告接受和使用會費、捐贈與資助的有關情況，同時應當將有關情況以適當方式向社會公布。

第十七條台資企業協會依法開展業務活動做出突出成績的，業務主管單位和登記管理機關以適當方式予以鼓勵和表彰。

第十八條本辦法施行前已經成立的台資企業協會，如與本辦法規

定不符的,應當自本辦法施行之日起六個月內依照本辦法有關規定自行修正。

第十九條本辦法沒有規定的,依照《社會團體登記管理條例》和國家有關規定執行。

第二十條本辦法由大陸國務院台灣事務辦公室負責解釋。

第二十一條本辦法自2003年4月20日起施行。

（資料來源：國台辦網站）

[1]資料來源：國台辦網站，www.gwytb.gov.cn。

[2]九十年代台商在大陸享受外商待遇，例如公園門票，車、船、機票、旅館、住房等一律按照外商收費標準。因此，將申請「台商協會」比照「外商協會」的送審程序辦理是理所當然的事。

[3]大陸方面在深圳、北京成立台商協會之後，不斷總結經驗，協助和指導台商協會開展工作，發現初期會員主要是「獨資」企業居多數，而合資、合作企業中的台商以及企業內的大陸高層管理人員也有意願參加協會活動，所以改成「台資企業協會」會更廣泛的滿足台資企業員工的要求，擴大了協會的成員，體現了台資企業協會的群眾性和廣泛性。

[4]關於崑山台資企業協會的情況將在本書第九章中闡述。

[5]社會團體是一種基於一定社會關係而形成的會員制組織，其特點是以人及其社會關係為基礎。見王名：《中國民間組織30年：走向公民社會》，社會科學文獻出版社，2008年版（第4頁）。

[6]當時來大陸投資的台灣人渠道非常多、比較複雜，有的是直接從台灣來的投資，有的是經香港或英屬群島等第三地來的台資，還有從美國來的台灣投資。

[7]參考資料：劉震濤《對兩岸雙向投資權益保障問題的探討》，2008年12月20日。

[8]參考資料：中國台灣網2007年9月5日綜合報導。

[9]比照，法律用語，是指比較、參照一定的法律規範要求，作為處理案件的依據。透過分析比較，找出在性質特徵上與案件最為相似的法律規範，並遵照這類規範的要求處理案件。——夏團主編：《最新常用法律大詞典》，中國檢察出版社2000年，第26頁。

[10]資料來源：外經貿部負責人談話，《中國新聞》，1979年1月12日。

[11]資料來源：李家泉主編《台灣經濟總覽》，中國財經出版社，1995年版。

[12]資料來源：巫永平、劉震濤、鄭振清：《從『比照外資』到『等同內資』》，清華大學台研所課題論文，2008年。

[13]ECFA：Economic Cooperation Framework Agreement.13。

[14]綜合性經濟合作協議，Comprehensive Economic Cooperation Agreement，簡稱CECA。

[15]關於建立更緊密經貿關係的安排，Closer Economic Partnership Arrangement，簡稱CEPA。包括中央政府與香港特區政府簽署的《內地與香港關於建立更緊密經貿關係的安排》、中央政府與澳門特區政府簽署的《內地與澳門關於建立更緊密經貿關係的安排》。

[16]「框架協議」是指簽署正式協議之前所擬訂的綱要，僅先定架構及目標，具體內容日後再協商，因為要協商簽署正式協議曠日持久，緩不濟急，為了考量實際需要，故先簽署綱要式的「框構協議」，並針對攸關生存關鍵之產業，可先進行互免關稅或優惠市場開放條件之協商，協商完成者先執行。

[17]參考資料：新華網2010年6月30日報導。

[18]資料來源：王健全：《ECFA的必要性及其對中小企業的影響與因應》，中華經濟研究院（台灣），2009年11月8日。

[19]王毅：王毅會見海基會董事長江丙坤時講話，《人民日報海外版》2010年6月30日。

[20]吳敬璉：《中國增長模式抉擇》，上海世紀股份有限公司遠東出版社，2006年版，第141頁。

[21]王毅會見海基會董事長江丙坤時講話，《人民日報海外版》2010年6月30日。

[22]七大戰略性新興產業：節能環保、新能源、新材料、生物、新能源汽車、新一代訊息技術、高端裝備製造。

[23]劉震濤：《大陸「十二五」規劃，台灣商機何在？》2011年2月16日台北研討會發言。

[24]資料來源：台灣中華經濟研究院2009年所做評估。

[25]台灣上市、上櫃公司中投資大陸的企業位於某一板塊的指數，隨著大陸經濟走勢的變化而起伏，已成為台灣股民投資股票市場時最為關注的動向，這些向大陸投資的台灣上市、上櫃公司的股票稱之為「大陸概念股」。

[26]2001年12月，中國成為WTO第143個會員國。2002年1月，台澎金馬單獨成為WTO

第144個會員。

[27]其中，農業產品831項，工業產品1348項，總計2179項，截至2008年2月。

[28]資料來源：DRI商業發展研究院：《服務業大未來專案》，台灣《天下》雜誌，2009年12月。

[29]2009年康師傅在大陸的泡麵、飲茶飲料和瓶裝水的占有率分別達到54.6%、48.4%和19.6%，為市場第一位；此外稀釋果汁及夾心餅乾占有率分別為14.2%和25.5%，居該市場第二位。資料來源：http://money.163.com/10/0322/12/62CO6JP000252603.html。

[30]資料來源：兆豐預料：2010年將有4家台資企業在香港上市，http://www.cnr.cn/newscenter/nhtw/201001/t20100106505855141.html。

[31]參考資料：中新社網站（2009年7月11日綜合報導）。

[32]資料來源：商務部網站2009年4月公布。

[33]資料來源：新華網，台北2010年10月6日報導。

[34]來源：林建甫：《ECFA與中小企業未來的發展》（2009年11月8日）。

[35]參考資料：華夏經緯網2009年6月15日綜合報導。

[36]劉震濤：《淺析台商在大陸發展的過去、現在和未來》，2010年6月25日台北研討會。

[37]盧現祥：朱巧玲編《新制度經濟學》，北京大學出版社，2007年。

[38]仁寶是台灣重要的工廠產業代工廠，彩晶是台灣重要的數碼相機代工廠，寶成是台灣重要的鞋業代工廠。

[39]劉震濤：《淺析台商在大陸發展的過去、現在和未來》，清華大學台灣研究所，2010年6月25日台北研討會。

[40]參考資料：《大陸台資企業品牌生存錄》，《台商》2010年1期。中國論文下載中心http://www.studa.net

[41]來源：引自李榮融在2009年中央企業負責人會議上的講話。

[42]來源：引自邵寧在2009年在全國企業創新大會上的講話。

[43]引自台灣《中央日報》網路報點評，2009年2月7日。

[44]參考資料：朱磊：《兩岸經濟關係發展對兩岸關係造成的積極影響》，《台聲》2009年第九期。

[45]參考資料：台灣《經濟日報》，2009年2月26日。

[46]清華大學台灣研究所在大陸各地台資企業問卷調查整理所得數據（2009年）。

[47]劉震濤、李應博：《台資企業的轉型升級》，2009年論文。

[48]張濤等：《從台灣農民創業園看海峽兩岸農業合作——以福建省台灣農民創業園為例》，《福建農林大學學報（哲學社會科學版）》，2008年第5期，第24頁。

[49]張意軒、李屹：《海峽兩岸農業合作進入「深耕細作」階段》，《中國工商報》，2009年8月14日，第3版。

[50]李岳雲、董宏宇：《海峽兩岸農產品貿易與農業投資合作》，《中國農村經濟》，2003年第7期，第68頁。

[51]註：這裡的農業指Agriculture，Forestry，Fisheryand Animal Husbandry，食品業指Food & Beverage Manufacturing。

[52]蔣穎：《海峽兩岸農產品貿易依存度分析》，《福建農林大學學報（哲學社會科學版）》2006年第3期。

[53]陸雲：《兩岸農業經貿關係與發展》：http://www.huaxia.com/zt/pl/05-073/2005/00382205.htm。

[54]數據資料來源於台灣「行政院」農業委員會台灣農產品外銷網。

[55]陸雲：《兩岸農業經貿關係與發展》：http://www.huaxia.com/zt/pl/05-073/2005/00382205.htm。

[56]商務部網站
http://tga.mofcom.gov.cn/aarticle/a/jinqidongtai/200805/20080505548130.html。

[57]單玉麗：《台灣農產品貿易的困境與出路》，《亞太經濟》，2006年第4期，第77頁。

[58]常英偉、黃景貴：《台灣資本在海南農業中的投資現狀、績效、問題及對策分析》，《海南廣播電視大學學報》，2005年第4期，第68頁。

[59]吳爽：《兩岸農業產業交流現狀、問題與對策》，《科技創業》，2007年第5期，第91頁。

[60]葛鳳章、金雷：《「大三通」背景下兩岸基層農業交流與合作——兩岸鄉村座談會側記》，《兩岸關係》，2009年第8期，第46頁。

[61]《2009年台灣經濟年鑑》，經濟日報社，2010年5月版，第86頁。

[62]張濤、袁弟順、鄭金貴：《在新形勢下加速構建海峽兩岸農業合作新格局——基於對七個海峽兩岸農業合作試驗區和台灣農民創業園的調研》，《福建農林大學學報（哲學社會科學版）》，2009年第2期，第16-17頁。

[63]練卜鳴：《淺論兩岸農業合作交流的迷思與前景》，《台灣農業探索》，2009年第4期，第12-13頁。

[64]《2009中華民國98年經濟年鑑》，經濟日報社，2009年5月版，第87頁。

[65]李岳雲、董宏宇：《海峽兩岸農產品貿易與農業投資合作》，《中國農村經濟》，2003年第7期，第68頁。

[66]http://www1.tenfu.com/about/about.asp

[67]林國華、曾玉榮、劉榮章、李建華：《台灣休閒農業發展模式與經驗探討》，《台灣農業探索》，2007.4，P16。

[68]郭斐斐：《「星期九農莊」打造海峽兩岸農業合作「優秀試驗田」》，http://www.agri.gov.cn/kjtg/t200907101308878.htm。

[69]「小地主大佃農」政策，即將農民所有的土地轉讓給經營者承包，雙方簽訂合約，規定經營者須每年向農民繳納相當的轉讓租金，農民是土地的主人，簡稱「地主」，由於每戶所擁有的土地不多，故稱「小地主」；而經營者承租農田成了「佃農」，一般一個經營者可承租多戶農田，故稱為「大佃農」。

[70]張意軒、李屹：《兩岸農業合作邁向「深耕」》，《人民日報（海外版）》，2009年7月21日第3版。

[71]於永維先生對記者講的一段話。張意軒：《兩岸農業合作，空間太大了》，《人民日報（海外版）》，2009年4月16日第3版。

[72]台灣台中縣議員冉齡軒答記者問。程杰：《海峽兩岸共謀農業合作新發展——訪台灣台中縣議員冉齡軒》，《華夏星火》，2009年第1期，第33-34頁。

[73]葛鳳章、金雷：《「大三通」背景下兩岸基層農業交流與合作——兩岸鄉村座談會側記》，《兩岸關係》，2009年第8期，第46頁。

[74]曾玉榮、姜梅林、鄭百龍、周瓊、翁伯琦：《台灣農業發展成效與閩台農業合作再思考》，《台灣農業探索》，2008年第4期，第10-12頁。

[75]李立：《兩岸農業交流與合作大有可為》，《台聲》，2007年第10期，第35頁。

[76]參考資料：《崑山經濟開發區簡報》，2008年第9期。

[77]數據比例參照《崑山經濟訊息專刊》，2009年第5期。

[78]2008年9月7日對崑山經濟開發區負責人的訪談記錄。

[79]《崑山經濟訊息專刊》，2009年第7期。

[80]《新聞縱深》網綜合版，2009年2月。

[81]崑山市科技局2009年12月簡報。

[82]2007年4月對崑山市領導的訪談記錄。

[83]劉震濤、江成岩、桑登平、王建芬、胡明：《昆台資本相融生輝》，論文，2003年。

[84]劉震濤、江成岩、桑登平、王建芬、胡明：《昆台資本相融生輝》論文，2003年。

[85]江成岩、王建芬：《台資對崑山經濟社會的影響和作用》，《海峽科技與產業》，2007年第11期。

[86]江成岩、王建芬：《台資對崑山經濟社會的影響和作用》，《海峽科技與產業》，2007年第11期。

[87]宣炳龍：《探索·創新：崑山經濟技術開發區的實踐》，中國財政經濟出版社2004年9月版。

[88]任筠松：《文化訪談》，中國新聞網2007年5月綜合欄。

[89]1989年9月28日，崑山撤縣設市，是蘇州市下轄的縣級市。

[90]崑山市台辦提供2010年相關數據。

[91]柏蘭芝：《跨界治理——台資參與崑山制度創新的個案研究（對崑山經濟的過去、現在和未來的思考）》，清華大學台研所編印。

[92]指在崑山市委、市政府、市人大、市政協四套領導團隊之外的另一套「領導團隊」，是民間對「台協會」作用的一種戲稱，表明人民群眾對台協會所起作用的一種認可。

[93]訪談資料。

[94]台灣稱之為「加工出口區」。

[95]當時台灣下轄7市16縣，分別為：台北市、高雄市、基隆市、台中市、新竹市、台南市和嘉義市；台北縣、台東縣、澎湖縣、花蓮縣、屏東縣、高雄縣、台南縣、嘉義縣、雲林縣、南投縣、彰化縣、台中縣、苗栗縣、桃園縣、宜蘭縣和新竹縣。

[96]台灣工業總會是台灣三大工商團體的龍頭。

[97]張國華、張二震：《改革開放的崑山之路》，人民出版社，2008年，第144頁。

[98]張國華、張二震：《改革開放的崑山之路》，人民出版社，2008年，第133頁。

[99]資料來源：崑山台辦提供出口加工區統計資料。

[100]原會長戚道阜先生的訪談記錄。

[101]向崑山台辦瞭解到，缺少1996年和1997年台資企業數的統計數據，根據1994年283家、1995年335家和1998年629家推算得，1997年台資企業數約為400多家。

[102]類似大陸居民的醫保卡，發放醫療卡範圍主要包括園區內的企業主和大企業的高管（不包括一般台幹）。

[103]目前大陸已有四家台商子女學校，分別是東莞台商子女學校、崑山台商子女學校、上海台商子女學校和蘇州高新區台商子女學校。

[104]俞可平：《中國治理變遷30年（1978-2008）》，社會科學文獻出版社，2008年

版,第82頁。

[105]《大愛無限、情暖崑山:台協婦慈會牽起兩岸血脈親情》,《崑山日報》,2010年3月31日。

[106]「聯合國人居獎」由聯合國人居署於1989年創立,是全球人居領域最高規格、最高威望的獎勵。

[107]根據與現任會長孫德聰先生的訪談記錄整理而成。據孫會長說,有一位台胞已將祖先牌位帶到崑山來,一家五代定居崑山。2010年,崑山台協會舉辦「2010崑山首屆台灣民俗文化嘉年華」開幕式暨媽祖安座典禮活動,把台胞心目中的神──「媽祖」請到崑山,說明他們有扎根崑山的強烈意願。

國家圖書館出版品預行編目(CIP)資料

前途：再論兩岸經濟關係 / 劉震濤，江成岩，王建芬 著. -- 第一版.
-- 臺北市：崧燁文化，2019.01
　面；　公分
ISBN 978-957-681-763-2(平裝)
1.兩岸經貿
558.52　　　107023432

書　名：前途：再論兩岸經濟關係
作　者：劉震濤，江成岩，王建芬 著
發行人：黃振庭
出版者：崧燁文化事業有限公司
發行者：崧燁文化事業有限公司
E-mail：sonbookservice@gmail.com
粉絲頁　　　　　　網　址：
地　址：台北市中正區重慶南路一段六十一號八樓815室
8F.-815, No.61, Sec. 1, Chongqing S. Rd., Zhongzheng Dist., Taipei City 100, Taiwan (R.O.C.)
電　話：(02)2370-3310　傳　真：(02) 2370-3210
總經銷：紅螞蟻圖書有限公司
地　址：台北市內湖區舊宗路二段121巷19號
電　話：02-2795-3656　傳真:02-2795-4100　網址：
印　刷：京峯彩色印刷有限公司（京峰數位）

　　本書版權為九州出版社所有授權崧博出版事業股份有限公司獨家發行電子書繁體字版。若有其他相關權利及授權需求請與本公司聯繫。
定價：350 元
發行日期：2019 年 01 月第一版
◎ 本書以POD印製發行